신기하고 특이한
동물이야기

오늘스페셜북스 ❷
신기하고 특이한 동물이야기

1쇄 인쇄 2016년 9월 10일 | 1쇄 발행 2016년 9월 15일

지은이 이광렬 | 펴낸이 최효원 | 펴낸곳 (주)오늘 | 등록일 1980년 5월 8일 제2012-000082호 | 주소 서울시 영등포구 선유서로 67, 128호 | 전화 719-2811(대) | 팩스 712-7392 | 인쇄 (주)제일프린테크 | 종이 (주)진영지업 | 제본 성화제책 | http://www.on-pubilcations.com | Email : oneull@hanmail.net * 지은이와 의논하여 인지는 붙이지 않습니다. * 파본 및 잘못된 책은 바꾸어 드립니다. ⓒ 2016 · 이광렬 ISBN 978-89-355-0527-2 73490

신기하고 특이한
동물이야기

이광렬 지음

머리말

치열하게 살아가는 동물의 세계

오늘날 지구상에는 수많은 종류의 동물들이 저마다의 고유한 특성을 지닌 채 살아가고 있습니다.

강한 이와 날카로운 발톱으로 다른 동물을 잡아먹으며 살아가는 동물들도 있고, 다른 동물에게 잡아먹히지 않으려고 강한 독을 내뿜는 동물들도 있습니다.

또 어떤 동물은 지독한 냄새를 풍겨 자신을 보호하기도 하고, 날카로운 가시 털로 적을 물리치는 동물이 있는가 하면 몸의 색깔을 주위의 환경에 맞게 변화시켜 자신을 보호하는 동물 등 일일이 설명하기 어려울 정도의 다양한 방법으로 치열하게 살아가고 있습니다. 우리의 상상 이상으로 자기들만의 독특한 방법을 익히고 있는 것이지요.

이렇게 동물들이 살아남기 위해서 썼던 갖가지 방법들은 오랜 옛날부터 진화해 온 것이라고 할 수 있습니다.

지금도 지구상의 동물들은 자신의 몸을 보호하기 위해 꾸준히 진화를 거듭하고 있을 것입니다.

어린이 여러분은 이 책을 통해 이렇게 여러 가지 방법으로 살아가는 동물들의 특징을 새롭게 알게 될 것입니다. 또 그들만이 갖는 생존의 방식에 강한 호기심을 갖게 될 것입니다.

더욱이 이번에 내놓는 이 책은 아주 독특한 특징을 가진 동물들을 골라서 실었으므로 어린이 여러분이 더욱 흥미를 가지고 읽을 수 있을 것입니다.

아무쪼록 우리 어린이들이 이 책을 읽으므로 동물을 폭넓게 이해하는 데 도움이 되기를 간절히 바랍니다.

이광렬

 차례

독특한 무기를 갖고 사는 동물들도 있대요 9

독을 만들어 자신을 보호한대요 12
지네, 거미, 꿀벌, 독도마뱀

지독한 냄새로 자기를 보호한대요 20
스컹크, 족제비, 쥐며느리, 폭탄먼지벌레, 노린재

몸의 색깔을 바꾸면서 살아간대요 26
배추벌레, 베짱이, 자벌레, 청개구리, 피라미, 카멜레온, 뿔매미

얼룩무늬와 줄무늬로 위장한대요 29
임팔라, 사슴, 꿩, 딱부기, 물오리 새끼, 호랑이, 치타, 표범

가시의 도움으로 살아간대요 33
고슴도치, 바늘두더지

단단한 껍질로 살아간대요 36
거북, 아르마딜로(천산갑)

몸의 일부를 잘라 버리고 도망간대요 39
도마뱀, 게, 플라나리아, 지렁이, 불가사리

먹물로 위기를 면한대요 42

오징어, 문어, 파란고리 문어

이상한 방법으로 살아가는 동물들도 있대요 45

황소도 단시간에 먹어치운대요 46
피라니아

새끼를 낳는 파충류도 있대요 48
살무사, 구렁이, 누룩뱀, 실뱀, 무자치, 쏠뱅이, 망상어, 바다뱀

산소가 없이도 살 수 있대요 50
거북

감각기관이 유난히 발달되었대요 52
뱀, 나방의 수컷, 방울뱀

잠을 자지 않아도 살 수 있대요 54
소형 두더지, 바다제비

이상한 방법으로 번식한대요 57
나비, 올리, 여왕벌

짝짓기 후 자기의 몸을 바친대요 63
깡충거미, 늑대거미, 닷거미, 게거미, 호랑거미, 왕거미, 사마귀

암수가 한 몸에 있대요 65
지렁이

특이한 방법으로 짝짓기를 한대요 67
큰물자라, 가시고기, 톡토기

수컷의 생식기가 진화되었대요 69

실잠자리, 수고양이

소금을 뿌리면 작아진대요 70
갯태추

낚시의 명수래요 72
가마우지

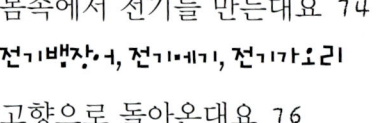

몸속에서 전기를 만든대요 74
전기뱀장어, 전기메기, 전기가오리

고향으로 돌아온대요 76
연어, 오징어, 산천어, 뱀장어, 비둘기, 제비

3억 년 전의 모습으로 살아간대요 79
긴 꼬리 투구새우

지구에서 가장 나이가 많대요 81
바퀴벌레

민물에 사는 가장 큰 민물고기래요 83
피라루쿠

지구에서 가장 큰 뱀이래요 85
아나콘다

가장 원시적인 동물이래요 87
오리너구리

어려운 환경을 이겨내는 동물들도 있대요 89
몇 년 동안 잠을 잔대요 90

폐어

뜨거운 물에 살면서 병을 고친대요 91
닥터 피시

사막에서 부족한 물을 얻는대요 93
딱정벌레, 낙타, 사막개구리, 가시도마뱀

일생동안 물을 마시지 않는대요 97
캥거루 쥐

극지방에서 산대요 98
북극곰, 바다표범, 펭귄, 해표, 고래, 수염고래

나무에도 오르고 수영도 한대요 100
바실리스크 도마뱀

나무에 기어오른대요 102
등목어

하늘을 나는 파충류도 있대요 103
날다람쥐, 개구리, 뱀, 도마뱀

다른 동물의 피를 빨아먹고 사는 동물들도 있대요 105

환자의 치료에 이용한대요 106
거머리

다른 어류의 피를 먹고 산대요 107
칠성장어, 박쥐, 모기, 벼룩, 진드기, 빈대, 이

동물들만의 특이한 생활이 있대요 117

다리에 나 있는 털이 하는 일은 무엇일까요? 118
공중을 나는 물고기의 비밀은 무엇일까요? 119
지진이 일어나기 전에 동물은 무엇을 느낄까요? 121
비 소식을 전하는 동물에는 어떤 것이 있을까요? 124
동물들이 잠을 자는 방법에는 어떤 것이 있을까요? 126
동물들도 꿈을 꿀까요? 127
동물들의 여름잠과 겨울잠의 비밀은 무엇일까요? 128
약한 나비는 어떻게 생존할까요? 130
기후 변화에 민감한 곤충에는 어떤 것이 있을까요? 132
이가 강한 동물에는 어떤 것이 있을까요? 133
거미줄을 가지고 옷을 만들 수 있을까요? 135
열대 지방에 사는 곤충의 특징은 무엇일까요? 136
가장 수명이 짧은 곤충과 긴 곤충은 무엇일까요? 138
어떻게 물위를 걷거나 천장에 매달릴 수 있을까요? 139

독특한 무기를 갖고 사는…

독을 만들어 자신을 보호한대요

▲ 뱀

지네, 거미, 꿀벌, 독 도마뱀

동물은 자기보다 강한 동물에게 먹히지 않으려고 독을 사용하기도 하고, 약한 동물을 잡아먹으려고 독을 사용하기도 합니다.

보통 동물의 몸에 있는 독이 다른 동물의 몸속으로 들어가면 독성이 퍼져서 신경을 마비시키거나 피를 엉기게 하고, 심하면 몸을 움직일 수가 없게 되거나 정신을 잃어 죽게 됩니다.

예를 들어 꿀벌의 독 속에 들어 있는 성분이 다른 동물의 몸속으로 들어가면 독소를 내뿜어 알레르기를 일으키는데, 이렇게 되면 목숨을 잃기도 합니다.

우리가 보기에도 징그러운 뱀의 독도 벌의 독성분과 매우 비슷한데, 뱀이 가지고 있는 독의 양이 벌보다 많기 때문에 많은 동물들이 무서워서 피해 달아나는 것입니다.

물속과 땅을 번갈아 살아가는 두꺼비(양서류의 하나)는 양쪽 귀 뒤에 있는 귀 샘에서 독액을 분비하는데, 이 독도 다른 동물의 몸속

두꺼비

꿀벌
청개구리

으로 들어가면 심장의 활동을 방해하고 물건을 구별하지 못하거나 잘못 보는 환각 현상을 일으키고 혈관을 수축시키므로 동물들이 함부로 잡아먹으려고 하지 않습니다.

두꺼비를 항아리에 넣고 막대기로 등을 살짝 때리면 귀 샘에서 하얀 액이 나오는데 이것이 두꺼비의 독(부포톡신)입니다.

또한 한여름에 나뭇잎에 숨어서 신나게 울어대는 청개구리도 살갗에서 자기 나름대로 독을 분비하고는 있지만 독의 성분이 매우 미약하기 때문에 나뭇잎에 숨어서 위장하는 방법으로 생존하고 있습니다.

지네

사막의 특수한 기후에서 돌이나 바위틈에 숨어 살며 밤에만 움직이는 지네가 가지고 있는 독은 강한 산성입니다.

몸이 제일 큰 왕지네나 청지네에게 물리면 물린 부위가 많이 아프고 심하게 붓게 됩니다. 또 때로는 림프선 염을 일으키고 온몸에 심한 열이 나기도 합니다. 그러나 생명에는 크게 위험하지는 않은

데 잘못하여 몸의 심장부나 목을 물리게 되면 목이 부어서 숨을 쉬기가 어렵게 되어 질식사를 하는 경우도 있습니다.

소화기관이나 콧구멍으로 들어간 지네가 원인이 되어 오랫동안 설사와 고통을 호소하는 경우도 있는데, 지네에게 물렸을 때는 암모니아수를 희석해서 바르면 좋습니다.

▲ 지네

예로부터 작은 돌 지네와 땅 지네 등을 한약재로 이용했는데, 대나무에 잡아매어 말리거나 끓는 물에 머리를 넣었다가 햇볕에 말린 다음 머리와 다리를 떼어 내고 몸통을 썰어서 사용했습니다.

이 밖에 이구아나는 사막에는 살지 않지만, 꼬리를 흔들어 톱니

이구아나는 조금 징그럽게도 생겼지만 꼬리를 흔들어 톱니 같은 침으로 위협한다고 하니 혹시 만나더라도 가까이 하면 안되겠어요.

같은 침으로 상대방을 위협하고 독이 있는 침으로 찌르기도 하여 자기 생명을 보존하고 있습니다.

거미

전 세계적으로 매년 검은 과부거미에 의해 수십 명의 사람들이 희생된다고 합니다.

특히 검은 과부거미와 호주에서 살고 있는 시드니 깔때기거미, 그리고 중남미에서 살고 있는 일부 거미들의 독은 인간에게도 치명적인 것으로 알려져 있습니다.

이들 거미의 독이 사람의 몸속으로 들어오면 신경계를 마비시켜 심장에 발작을 일으키고 근육 경련이나 현기증을 일으킬 수 있습니다. 이런 거미의 독은 어린이와 노약자에게 더 치명적으로 작용한다고 합니다.

우리나라에는 죽음에 이를 정도로 강력한 독을 가진 거미는 없지만 염낭 거미 가운데는 통증을 일으킬 수 있는 독을 가진 것이 있습니다. 그러나 대부분의 거미는 별로 해롭지 않은 것으로 알려져 있습니다.

거미의 독은 쏘인 자리에 있는 세포들을 죽게 할 수도 있고 잘 치료가 되지 않게 상처를 남기거나 다른 세균에 의해 쉽게 감염되게

▲ 무시무시한 깔때기거미예요. 생긴 것만 봐도 무섭죠? 인간에게 치명적이라고 하는데, 이런 거미를 만난다면 어떻게 해야 할까요?

하는 경우도 있습니다. 물거미는 우리나라에서도 발견되었는데, 이 거미에 쏘일 경우 매우 고통스럽다고 합니다. 이때는 상처 부위를 얼음 등으로 차갑게 하는 것이 가장 좋은 응급조치입니다.

꿀벌

벌독을 이용하려면 아픈 부위에 벌침을 놓으면 되는데, 이렇게 하면 각종 치료 효과를 얻게 됩니다. 이것은 옛날부터 우리나라에서 한방에서나 민간요법으로 많이 사용해 왔습니다.

일반적으로 한의학에서 이용되는 침과 같은 것으로 이해할 수도 있지만, 벌에 독이 들어 있어서 몸속에 들어가면 각기 다른 작용을 하므로 침과는 전혀 다른 특징을 갖습니다.

벌독이 사람들의 몸속으로 들어가면 각종 궤양과 고혈압 그리고 부종이나 통증 부위에 작용해서 특히 심한 증세에 효험을 보이게 됩니다.

이 밖에도 벌독은 면역력을 증강시키는 호르몬을 방출하고 혈액순환에 영향을 끼치는 성분이 있습니다.

순수 자연 성분인 벌독과 벌침에는 혈액순환 개선이나 조혈작용, 그리고 페니실린의 1000배에 달하는 항균성분 등을 갖고 있어서 염증성 질환이나 퇴행성 질환에까지 이용할 수 있다고 합니다.

따라서 벌침은 뜸을 뜨고 혈을 풀어주고 아울러 병증을 분해하는 기능을 하는 것에 반해, 벌독은 약물이나 침, 또는 찜질 치료를 복

합적으로 합니다.

  하지만 대체의학으로 주목받는 만큼 아직까지는 치료범위에 대한 정확한 정설로 의학계에서 전폭적으로 인정하지는 않고 있습니다. 그러나 항생제로 널리 사용되는 페니실린처럼 벌침도 앞으로 과학적으로 분명하게 인정받아 널리 사용될 것으로 내다보고 학자들은 열심히 연구를 하고 있습니다.

  또한 꿀벌은 이와 같은 독을 가지고 있지만 자기 자신이 위험을 느끼지 않거나 외부의 적이 침입을 하지 않는 한 절대로 독침을 사용하지 않습니다. 왜냐하면 꿀벌은 독침을 한 번 사용하면 침과 함께 몸의 일부가 파괴되어 곧 죽음에 이르기 때문입니다.

윙윙~ 꿀벌들의 노래가 들려오는 것 같아요. 꿀을 먹고 사는 벌이지만 독을 가지고 있답니다.

독 도마뱀

▲ 안녕! 난 멕시코 독 도마뱀이야. 사람은 해치지 않으니 너무 무서워하지 마.

도마뱀의 종류는 3000종 정도 되는데, 이중에서 독을 가진 것은 아메리카 독 도마뱀과 멕시코 독 도마뱀입니다.

아메리카 독 도마뱀은 몸길이가 약 60cm로, 꼬리는 지방이 축적되어 있어서 굵은 편인데 꼬리의 굵기는 이들의 영양 상태에 따라 변한다고 합니다.

네 다리는 잘 발달해 있으며 각 발가락의 길이는 거의 같습니다.

이 동물은 야행성으로, 밤이나 흐린 날에 활동하고 낮에는 바위 밑이나 다른 동물의 구멍 속에 숨어 있습니다.

동작은 둔한 편이지만 먹이를 물어뜯을 때는 매우 재빠릅니다.

먹이는 작은 포유류나 새, 파충류의 알, 도마뱀 등이고 무엇이든 한번 물면 잘 놓지 않습니다.

몸의 빛깔은 황색 또는 분홍색 바탕에 흑색의 얼룩무늬가 줄지어 있고, 꼬리 부분은 폭이 넓은 띠 모양을 하고 있습니다.

한 번에 6~12개의 알을 낳아서 부화시키며 미국 남서부와 멕시코 서북부에 분포하여 살아갑니다.

멕시코 독 도마뱀의 몸길이는 약 80cm로 황색과 흑갈색의 얼룩무늬가 흩어져 있고, 머리와 꼬리 부분은 거무스름합니다.

건조한 지방의 산비탈과 협곡, 삼림지대의 황무지 등 사막 비슷한 곳에서 많이 살아가고 있습니다.

독 도마뱀의 독 샘은 침샘이 변한 것으로 여러 곳에서 나뉘어져 나오는데, 턱이나 입술 가장자리에 배출된 독액은 모세 현상에 의해 아래위 턱에 2쌍씩 있는 독니에 전달됩니다.

이들의 독은 강한 신경 독이 주성분으로, 위험하지만 온순하기 때문에 사람은 거의 물지 않습니다. 그러나 먹이를 잡거나 적을 물 때는 독이 충분히 먹이의 몸속으로 퍼질 때까지 물고는 한참 동안 놓지 않습니다.

멕시코의 태평양 연안에 분포하여 살아가는데, 아메리카 독 도마뱀과 멕시코 독 도마뱀은 모두 그 수가 감소하여 특별히 보호되고 있습니다.

미국의 한 제약회사는 이 독 도마뱀의 침 속에 들어 있는 성분을 이용하여 당뇨병 치료제로 사용하려고 하고 있는데, 실제로 실험한 결과 기존의 당뇨병 치료제와는 달리 체중을 감소시키면서 혈당을 떨어뜨리는 효과가 있는 것으로 밝혀졌습니다.

▶ 저는 아메리카 독 도마뱀이랍니다. 어디 보자, 맛있는 고기가 어디 없을까? 빨리 내 독을 퍼뜨려야 할 텐데…….

지독한 냄새로 자기를 보호한대요

▶ 스컹크

스컹크, 족제비, 쥐며느리, 폭탄먼지벌레, 노린재

세상에 살고 있는 동물 중에서 방귀 냄새가 지독하기로 유명한 스컹크는 그 어떤 동물보다 확실한 방어 무기를 가지고 있는 매우 특이한 동물입니다.

오늘날 전 세계적으로 11종류의 스컹크가 살고 있지만 아쉽게도 우리나라에는 한 종류도 없어서 그처럼 지독한 냄새를 우리는 한 번도 맡아 볼 기회가 없답니다.

스컹크는 다른 동물이 다가가면 우선 경계의 표시로 앞다리를 쳐들고 뒷다리를 중심 잡아 곧게 섭니다. 그러다가 조금만 더 자극을 주면 갑자기 뒤로 돌아서서 엉덩이를 들어 지독한 냄새가 나는 누르스름한 액체를 상대방의 얼굴을 향해 강하게 쏘아댑니다.

이때 스컹크가 뀌어 대는 방귀가 섞인 액체는 한 번에 15cc 정도인데, 멀리는 5m까지 날아갈 수 있다고 합니다.

그런데 한 번 뀐 방귀에 적이 도망가지 않으면 그 즉시 연속으

족제비

로 6번 정도를 더 뀌어 대는데, 이때 도망가지 않을 동물들은 없다고 합니다.

스컹크의 방귀 성분을 분석해 보면 사람의 방귀와 비슷한 성분이 들어 있다고 합니다. 이 액체가 다른 동물의 눈에 들어가면 일시적으로 눈이 어두워져 앞을 볼 수가 없으므로 공격을 할 수 없게 됩니다.

이처럼 스컹크나 족제비 같은 동물은 위험에 빠지면 일단 고약한 냄새를 풍긴 다음, 상대방이 정신이 없는 틈을 이용해 도망쳐 버립니다. 이러한 고약한 냄새가 자신을 방어하기 위한 하나의 무기인 셈입니다.

이들 동물의 후각은 다른 감각 기관보다 빨리 적응하는 성질이 있어서 자기 냄새라도 처음에는 고약하고 역겹게 느껴지지만 점점 시간이 지나 익숙해지면 아무렇지도 않게 됩니다.

스컹크도 아마 처음에는 자신의 냄새가 아주 고약했을 것입니다. 그러나 시간이 지나면서 차츰 익숙해지고 나중에는 아무렇지도 않게 되었을 것입니다. 더구나 자신을 지켜 주기 위해 나오는 것이므로 오히려 좋게 생각되지 않았을까요?

스컹크가 내뿜는 액체는 나무나 돌멩이에도 배어드는데 그 고약한 냄새는 자그만지 1km까지 퍼진다고 하니, 어떤 동물도 그 냄새를 한번 맡으면 그 뒤부터는 함부로 스컹크에게 접근하지 않는다고 합니다.

쥐며느리

지독한 냄새를 가진 벌레를 찾아보면 습지의 응달에서 사는 쥐며느리를 생각하게 됩니다. 이 벌레는 몸속에 특수한 물질을 가지고 있다가 적이 나타나거나 큰 위협을 받으면 이 물질을 갑자기 변화시켜 전혀 새로운 자극성 물질인 독가스를 만들어 몸 밖으로 내보냅니다. 그 냄새가 너무 지독해서 다른 동물들은 아무 생각 없이 그 자리를 피하지 않으면 안 될 정도라고 합니다.

쥐며느리라는 이름은 늘 쥐의 등에 붙어 있다고 해서 붙여졌다고도 하고, 시어머니 앞에서 쩔쩔매는 며느리 같다고 해서 붙여졌다고도 합니다.

한 마리의 쥐며느리가 가지고 있는 지독한 냄새는 쥐를 한 마리 죽일 수 있는 충분한 양이라고 하니 어마어마하죠?

이처럼 몸집이 큰 동물에서부터 보잘것없는 아주 작은 동물에 이르기까지 어느 동물이나 자기 몸을 방어하고 보호하기 위한 나름대로의 무기는 다 가지고 있는 셈입니다.

사람이 흘리는 침이나 눈물, 또는 콧물도 단순한 분비물이 아니고 모두가 세균을 죽이는 역할을 합니다.

실제로 사람의 침은 지네를 죽일 수도 있으며 또 위에서 분비하는 위액은 강한 산성으로, 소화에 관여하는 것 외에 내장으로 들어온 세균이나 곰팡이 등을 꼼짝 못하게 죽일 수가 있습니다. 그래서 우리는 이처럼 건강하게 살아갈 수가 있습니다.

폭탄 먼지벌레

곤충 중에도 지독한 방귀를 뀌어서 자신을 방어하는 무기로 사용하는 동물이 있는데, 바로 폭탄 먼지벌레가 그 주인공입니다.

지금은 폭탄 먼지벌레라고 부르지만 과거에는 이 벌레의 행동을 그대로 본떠서 단순하게 그냥 방귀벌레라고 불렀습니다.

스컹크는 한 번에 6번 정도 방귀를 뀌고 나면 얼마 동안은 다시 뀔 수 없지만 폭탄 먼지벌레는 시간이나 횟수에 크게 제한을 받지 않고 위험이 닥치는 대로 계속해서 방귀를 뀌어 댈 수가 있습니다.

이 곤충은 분비샘에서 냄새 물질을 만들어서 몸 안의 저장고에 일단 저장해 놓았다가 필요한 경우에 아주 적은 양을 다른 반응실로 보내는데, 그곳에서는 다른 종류의 물질을 분비하게 됨

폭탄 먼지벌레

니다. 이때 수분과 산소도 발생하게 되는데 바로 이 과정에서 열이 생기며 발생되는 산소에 의해 폭발음이 나면서 지독한 냄새를 몸 밖으로 내보내게 됩니다. 이들이 분출해 내는 순간적인 액체의 온도가 놀랍게도 섭씨 100도 가까이 올라간다고 하니 전쟁 때 사용하는 폭탄에 버금간다고 할 수 있습니다. 또 이 곤충들이 죽은 직후에도 배 부근을 살짝 눌러보면 그 동안 만들어서 보관되었던 성분의 물질들이 살았을 때와 똑같은 소리를 내며 방귀를 뀌게 됩니다.

폭탄 먼지벌레는 남방 폭탄 먼지벌레와 같은 종류인데, 이들은 낮에는 돌 밑이나 낙엽 밑, 또는 흙 속에 숨었다가 밤이 되면 나타나서 작은 곤충을 잡아먹습니다.

이들의 생활에 대해서 자세히 밝혀진 것은 없지만 애벌레는 토양 속에 살고 있다가 어른벌레가 되면 땅 위로 올라옵니다. 그리고 빠르게 땅을 기어 다니며 농촌 주택 주변의 밭과 들, 산에 이르기까지 다양한 곳에서 살게 됩니다.

노린재

노린재는 전 세계에 300여 종이 있습니다.

생긴 모양은 원형과 육각형에서부터 가늘고 긴 막대모양에 이르기까지 여러 가지가 있는데 다

노린재

침 노린재

자란 어른벌레의 몸길이도 약 1.1~6.5mm까지 있습니다.

노린재의 종류에 속하는 곤충은 대개 식물의 줄기에 바늘모양의 주둥이를 박아서 즙액을 빨아먹고 살지만, 침 노린재나 쐐기노린재 등은 다른 곤충의 몸에 바늘처럼 생긴 입을 박고 체액을 빨아먹으며 살아가기도 합니다.

이들이 월동하는 형태도 여러 종류인데, 성충의 상태로 월동하는 것이 많습니다. 성충은 가슴과 배 쪽, 즉 가운뎃다리와 뒷다리 사이에 있는 냄새 샘에서 끈적끈적한 액체를 내보내는데 이때 고약한 냄새도 함께 풍깁니다.

한편 유충은 배의 등 쪽에 있는 냄새 샘에서 나오는 기름 같은 액체를 내보냄과 동시에 역한 냄새를 풍기므로 공격하려는 적을 물리칠 때 효과적으로 사용합니다. 그런데 놀랍게도 이들 유충이 집단으로 생활할 때 냄새의 강약을 조절하여 적의 공격으로부터 경계의 신호로 쓰기도 하고, 또 자기들의 무리를 모이도록 하는 유인물질로 사용하기도 합니다.

이들이 분비하는 냄새의 성분도 어느 정도 밝혀지고 있는데 알데히드 계 화합물의 일종이라고 합니다. 이들은 세계 각지에 널리 분포해 있으며 우리나라에도 많은 종류가 살고 있습니다.

몸의 색깔을 바꾸면서 살아간대요

▲ 배추벌레

배추벌레, 베짱이, 자벌레, 청개구리, 피라미, 카멜레온, 뿔매미

 어떤 동물들은 주변의 식물이나 바위 또는 흙 등에 서로 어울리도록 변장을 하며 살아갑니다. 즉 배추벌레와 베짱이, 자벌레, 청개구리 등은 풀숲이나 배춧잎 속에 몸 색깔을 주위의 색깔과 비슷하게 만들어 강한 동물들의 눈에 잘 띄지 않게 한답니다.
 모래 바닥에 사는 물고기는 움직일 때마다 주위의 배경이 달라지기 때문에 어떤 동물은 그때그때마다 자기의 몸 빛깔을 변화시키기도 합니다.
 흔히 볼 수 있는 피라미와 카멜레온은 피부 안에 있는 특별한 색소 세포를 넓히거나 오므려서 재빠르게 몸의 색깔을 바꾸어 갑니다.
 몸 색깔을 바꾸는 것 가운데 가장 기발한 것은 자벌레나 카멜레온으로, 주위의 배경과 비슷한 모습으로 바꿉니다.
 이 밖에 열대 지방에 사는 사마

피라미

▲ 베짱이

귀는 주변에 핀 꽃과 거의 구별을 할 수 없을 정도로 몸을 바꾸는가 하면, 뿔매미의 애벌레는 자기가 마치 나뭇가지에 난 가시처럼 몸을 만들기도 하고, 어떤 나방의 애벌레는 자기의 몸을 새똥처럼 만들어 적이 알아보지 못하게 하기도 합니다. 또 두꺼비는 자기 몸을 숲속에 떨어져 있는 낙엽과 같은 색깔로 위장하여 못 알아보게 합니다.

▲ 자벌레

청개구리도 마찬가지입니다. 언뜻 보기에는 청색같이 보이지만 자세하게 관찰해 보면 그 피부에는 녹색, 황색, 검은색의 작은 혹이 섞여 있습니다.

청개구리는 이런 여러 종류의 색을 잘 이용해서 자기 몸의 색깔을 주위의 색과 비슷하게 만듭니다. 즉 나뭇잎에 앉아 녹색을 만들 때는 몸속에 있는 녹색으로 된 혹은 크게 부풀리고 대신 검은색과 황색의 혹들은 아주 작게 오므라들게 합니다.

▼ 그때그때마다 몸의 빛깔을 바꾸는 카멜레온이에요. 상황에 따라 이렇게 예쁘게 바꾼다니 천재 같죠? 단조로운 색깔도 아닌데 말이에요.

또 검은색으로 만들 때는 검은색의 혹을 크게 부풀려서 피부에 가득 채우고, 갈색으로 만들 때는 검은색과 황색의 두 색깔의 혹을 크게 부풀려서 두 색깔이 잘 배합되도록 합니다. 그러므로 어느 장소에 있든지 자신의 몸 색깔을 주위의 색과 같이 만들어 버립니다.

▲ 청개구리예요. 잎사귀 색과 너무 비슷하죠? 이렇게 자신의 몸을 위장해서 적으로부터 위험을 줄입니다. 지금 이 청개구리는 누구를 만나서 이렇게 겁을 집어먹고 있는 걸까요?

이렇게 하면 주위의 적에게 잡힐 염려가 줄어들고, 자기가 잡으려는 동물에게는 알아채지 못하게 할 수 있습니다.

이렇게 독을 품고 있지도 않으면서 화려하고 멋진 색깔로 위장하여 자신이 독을 품고 있는 것처럼 해서 힘센 동물들의 강한 공격으로부터 피해 살아가는 동물들이 있답니다.

얼룩무늬와 줄무늬로 위장한대요

▲ 꿩

:임팔라, 사슴, 꿩, 뜸부기, 물오리 새끼, 호랑이, 치타, 표범

　얼룩무늬나 줄무늬로 몸을 덮고 있어서 다행히 생명을 유지하며 살아가는 동물들도 많이 있습니다.

　얼룩무늬의 경우 밝은 색으로 된 부분은 공격자의 시선을 끌 수 있으므로 공격자들은 그 부분만을 바라보게 되어 동물의 형태에는 신경을 쓸 수가 없게 됩니다.

　줄무늬도 밝은 색과 어두운 색이 번갈아 그어져 있기 때문에 동물의 형태가 줄처럼 가늘게 나누어진 것처럼 보여서 강한 동물들은 쉽게 알아차리지 못하게 됩니다.

　포유동물로 임팔라, 얼룩말, 사슴의 무리가

▶ 임팔라의 뿔이 날카로워 보이죠? 임팔라도 몸의 색깔을 바꾼답니다. 이 사진도 색을 바꾼 모습일까요?

뜸부기

사슴

여기에 속합니다.

조류로는 꿩의 새끼나 뜸부기, 물오리 새끼 등이 얼룩무늬로 위장을 잘하는 편입니다.

얼룩무늬가 있는 물고기도 몸을 가로지르는 줄무늬가 있어서 강자에게 쉽게 들키지 않아 잘 살아갈 수가 있습니다.

한편 호랑이나 치타, 표범같이 덩치가 크고 다른 동물들을 잡아먹는 위치에 있는 동물들도 숲속에서 자기를 숨겨 주는 줄무늬를 가지고 있어서 다른 동물들이 쉽게 알아차리지 못하기 때문에 먹잇감을 사냥하는 데 도움을 주기도 합니다.

아주 발달된 위장의 무늬 형태로는 눈 주위에 선명하게 그어진 띠를 생각할 수 있는데 이런 무늬는 다른 동물의 눈을 감쪽같이 속일 수가 있습니다.

얼룩말

물오리 가족이 나들이 중이에요. 서두르지 않고 나란히 헤엄쳐 가는 아기 오리들이 너무 귀엽죠?

치타

호랑이

표범

　눈은 다른 동물의 눈에 가장 잘 띄는 부분이므로 눈을 감춰 버리면 굉장히 유리하게 됩니다.

　실제로 수백 종류의 물고기에게는 눈 주위에 얼룩이나 줄무늬가 나 있어서 진짜 눈을 좀처럼 알아볼 수 없게 하기도 합니다.

가시의 도움으로 살아간대요

▲ 고슴도치

고슴도치, 바늘 두더지

고슴도치는 아시아와 유럽, 아메리카 지역에 널리 퍼져 살고 있는데 초원, 사막, 산림, 과수원 등에서 볼 수 있습니다. 몸은 짧고 뚱뚱하며 눈과 귀가 발달했는데, 몸길이는 20~30cm 정도이고 꼬리의 길이는 약 18mm 정도이며 네 다리가 몸에 비해 매우 짧은 편입니다.

얼굴과 몸의 배 쪽과 네 다리를 제외하고는 날카로운 침 모양의 털이 촘촘히 나 있는데, 강한 동물들을 공격할 때는 첫 번째 꼬리를 흔들어 꼬리에 나 있는 침이 상대방의 몸에 깊숙이 박히게 해서 고통을 줍니다.

몸을 동그랗게 말아서 털이 변한 가시로 자기 몸을 감싸게 되면 다른 강한 동물들은 가시 털이 몸에 박히므로 고통을 느끼면서 자리를 피해 가게 됩니다.

또 야행성 동물이므로 낮 동안은 나무뿌리 밑의 구멍이나 바위틈에 숨어 있다가 해가 진 뒤에 활동을 시작합니다.

체온은 바깥 온도의 변화에 따라 변하기도 하는데, 추운 지방에 사는 종류는 10월에서 이듬해 4월까지 겨울잠을 자기도 합니다.

고슴도치는 그 몸이 작다는 점과 얼굴 생김이 닮아 있다는 데서 쥐 종류와 같이 취급되는데 그 종류는 약 17가지나 됩니다. 또한 곤충이나 지렁이 같은 벌레, 동물의 시체 등 동물성 먹이를 주로 먹고 삽니다.

대체로 봄과 가을에 번식하며 임신 기간은 약 40일인데, 한 번에 4~7마리 정도의 새끼를 낳는다고 합니다.

바늘 두더지

바늘 두더지는 호주와 뉴기니 고산 지대의 바위가 많은 곳에서 단독으로 생활하는데, 몸길이는 90cm 정도입니다.

바늘 두더지

바늘 두더지는 알을 낳아서 부화시킨 후 젖을 먹여서 새끼를 기르는데, 한 번에 반드시 한 개의 알만 낳습니다.

이 동물은 배의 한가운데에 움푹 들어간 알주머니 안에 알을 넣고 다니면서 알맞은 온도를 일정하게 유지하여 알을 부화시킵니다. 부화하여 나온 어린 새끼는 알주머니 속에서 젖을 먹고 자라는데 이 동물은 특이하게도 젖꼭지가 없습니다. 그러나 바늘처럼 생긴 털 사이의 피부를 자극하게 되면 피부에서 젖이 나옵니다.

이처럼 알주머니에서 자란 어린 새끼는 10주 정도가 되면 새끼의 털이 점차 단단해져서 바늘같이 날카로워지기 시작합니다. 이때 어미 알주머니와 배를 찌르기 때문에 알주머니 속에서 나와서 생활해야 합니다.

바늘 두더지가 즐겨 먹는 먹이로는 나무뿌리, 과일, 개미류인데 17cm나 되는 긴 혀는 개미를 핥기에 매우 편리하게 되어 있습니다.

이 동물은 먹이를 씹는 이는 없지만 먹이를 잘게 부수는 강한 입 천장이 있기 때문에 먹이를 먹는 데도 별 문제가 없습니다.

또한 평소에 자기보다 강한 적이 나타나면 재빨리 나무 위로 올라가거나 몸을 둥글게 말고 뾰족한 털을 꼿꼿이 세워서 적을 물리칩니다.

적을 쫓기 위해서는 몸에 있는 보통의 털과 날카로운 가시 털들을 곤두세우고 등을 밀고 들어가서 적을 공격하기도 하는데, 이때 몸에 있던 날카로운 가시 털이 상대의 몸속에 박히게 됩니다. 이 가시 털은 움직이면 움직일수록 살 속 깊이 파고들어 심지어는 상대를 죽일 수도 있습니다.

이 동물은 낮에는 땅속이나 바위 굴 속에 숨어 있다가 밤이 되면 나와서 생활합니다.

단단한 껍질로 살아간대요

▲ 거북

거북, 아르마딜로(천산갑)

단단한 껍질에 싸여 있는 거북은 파충류의 일종으로 전 세계에 200여 종이나 살고 있다고 합니다.

거북은 시속 300m 정도의 속도로 아주 느리게 움직이는 동물인데, 이가 없으며 아주 온순한 성격을 지니고 있습니다.

몸길이는 10cm의 작은 것에서부터 2m 이상 되는 큰 종류도 있습니다.

거북은 아주 느리고 강한 이나 특별한 무기가 없는 동물이어서 빠르고 힘센 동물들에게 잘 잡힙니다. 그러나 등껍질이 매우 단단해서 위험에 처하면 재빨리 목과 머리를 단단한 등껍질 속으로 집어넣습니다. 이때 날카로운 이를 가진 사나운 동물들도 몇 번 물어 보고는 단념하고 가버리기 때문에 위기를 면할 수 있습니다.

거북에게 단단한 등껍질이 없다면 살아남을 수가 없을 것입니다. 물속과 육지 양쪽에서 모두 생활하며 발가락 모양이 분명한 데다

발가락 사이에 물갈퀴가 있습니다.

　육식성이 강한 거북은 말린 실지렁이나 마른 멸치, 참치 등 생선, 닭고기, 간 등을 즐겨 먹습니다.

　기온이 섭씨 18도이거나 수온이 섭씨 15도 이하로 내려가면 겨울잠을 자기 시작하는데, 알을 낳을 때가 되면 육지로 올라와서 먼저 뒷발로 구덩이를 파고 그곳에 10~20개의 알을 낳습니다.

　알은 뜨거운 여름 햇볕에 의해 2~3개월 지나면 부화하는데, 이때의 온도가 암수를 결정하는 역할을 합니다. 알에서 나온 새끼 거북은 구덩이의 흙을 들추고 밖으로 나와서 연못이나 강으로 어렵게 기어갑니다.

아르마딜로(천산갑)

　딱딱한 껍질의 판을 몸에 두른 아르마딜로(천산갑)는 현재 지구상에 살아 있는 포유류 중에서 가장 두꺼운 갑옷을 입고 사는 동물입니다.

　아르마딜로는 등에서 꼬리까지 피부가 변한 뼈 모

▶ 아르마딜로는 이렇게 두꺼운 갑옷을 입고 있어도 더위를 잘 견디나 봐요. 처음부터 그렇게 태어나서 적응을 잘 한다고요?

양의 판 또는 비늘 딱지로 덮여 있습니다.

　대부분의 포유동물들은 이가 아래위 각기 14~18개인데, 큰 아르마딜로는 이가 있던 흔적이 남아 있습니다. 그 이는 약 80~100개 정도로 이의 수로 본다면 포유류 중에서 이가 가장 많은 동물입니다.

　몸길이는 40~70cm 정도이며 멕시코, 남미, 서아프리카 등 깊숙한 열대 우림 지역에서 살고 있습니다.

　이 동물은 이처럼 턱과 이는 매우 약한 편이며 잘 발달된 후각으로 먹잇감을 찾아냅니다. 앞발에 단단한 발톱이 있어서 이것으로 구멍을 파고는 흙 속을 파헤쳐 땅속에 있는 곤충과 개미들을 놀라운 속도로 잡아먹습니다. 또 버섯이나 땅에 떨어져 있는 과일과 죽은 동물들도 잘 찾아먹습니다.

몸의 일부를 잘라 버리고 도망간대요

▲ 불가사리

도마뱀, 게, 플라나리아, 지렁이, 불가사리

　도마뱀은 강한 동물에게 꼬리를 잡히면 몇 번 몸을 흔들다가 재빨리 잡힌 꼬리의 일부를 잘라 버리고 도망칩니다.

　이때 잘린 도마뱀의 꼬리는 살아서 계속 움직이므로 적이 그것을 바라보는 사이에 도마뱀은 재빨리 도망쳐버립니다.

　다리를 잡혔을 때도 꼬리와 마찬가지로 잡힌 다리를 버리고 도망을 칩니다. 그러나 나중에 새로 나온 다리는 처음의 다리와는 약간의 차이가 있어서 불균형을 이루기는 합니다.

　도마뱀의 몸길이는 19cm 정도로 6~7월경에 돌이나 풀 밑에 흰 빛의 알을 8~9개쯤 낳는데, 이들이 주로 먹는 먹이는 곤충들이나 지렁이, 거미 등입니다.

▶ 도마뱀

게도 다리가 잘리면 다시 새 다리가 생겨나고 문어도 다리가 잘리면 얼마 후에 다시 새 다리가 생기는데, 물속에서 살고 있는 플라나리아나 육지에서 살고 있는 지렁이도 몸의 일부가 잘려 나가면 얼마 후에 다시 완전한 몸으로 다시 살아나 정상적인 생활을 할 수가 있습니다.

지렁이의 특징 중 하나는 몸이 손상되거나 몸의 일부가 잘려 나가는 일이 발생했을 때 다시 만들어진다는 것입니다.

몸의 일부가 잘려 나가도 시간이 지나면 플라나리아처럼 다시 원래대로 생겨나니 얼마나 신기한 일입니까?

물론 절단된 몸의 마디나 생김새가 반드시 먼저 있던 것과 똑같아지는 것은 아니지만, 몸이 다시 생긴다는 그 사실 하나만으로도 사람들에게 놀라움을 주기에 충분합니다.

지렁이의 다시 살아나는 능력은 일반적으로 몸의 앞쪽에는 우수한 반면, 몸의 뒤쪽으로 갈수록 그 능력이 떨어지는 경향이 있습니다.

▶ 지렁이는 몸이 잘려도 다시 원래대로 만들어진대요. 그러니 길에서 혹시 잘린 지렁이를 본다고 해도 너무 불쌍하게 생각할 필요는 없겠죠?

▲ 게

지렁이는 자라는 데에 온도의 영향을 크게 받는 편인데, 생육에 가장 알맞은 온도는 12~25℃ 까지로 비교적 온도의 적응이 넓은 편입니다. 또한 고온보다는 저온에서 더 잘 자라는 편입니다.

지렁이의 수명은 대략 1년 정도지만 5~10년까지 생존하는 것도 있는데 그 원인이 무엇인지 아직 정확하게 밝혀진 것은 없습니다.

또 바다에서 살고 있는 불가사리의 다시 살아나는 능력은 팔 부분이 가장 활발한데 이곳에는 창자나 아가미, 생식 기능 등을 갖추고 있기 때문에 아무리 작게 조각을 내도 죽지 않고 다시 살아날 뿐만 아니라 조각 하나하나가 독립된 개체로 늘어나게 됩니다.

때문에 불가사리를 죽인다고 잘못 건드리면 오히려 숫자만 늘려 주는 결과가 되고 맙니다.

이처럼 불가사리의 다시 살아나는 능력은 생물 가운데 첫째로 꼽힐 정도로 왕성하기 때문에 좀처럼 씨를 말릴 수가 없습니다. 유일한 방법은 모두 거두어서 백사장에 말려 버리는 것이 가장 좋습니다.

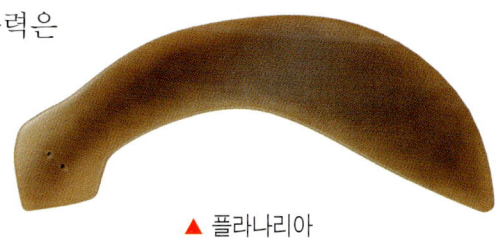
▲ 플라나리아

독특한 무기를 갖고 사는 동물들도 있대요

먹물로 위기를 면한대요

▶ 문어

오징어, 문어, 파란고리 문어

오징어의 앞쪽에 머리처럼 보이는 삼각형 모양은 사실은 지느러미입니다. 머리는 오징어의 가운데에 자리 잡고 있는데, 우리가 흔히 다리라고 부르는 것은 팔, 또는 촉수라고도 하는데 하는 일을 살펴보면 주로 팔의 역할을 합니다.

오징어는 전 세계에 약 460종이 살고 있는데 우리나라 바다에는 약 8종이 살고 있는 것으로 알려져 있습니다.

오징어는 팔이 10개이고 그중 2개가 나머지 8개보다 유난히 긴데, 먹이를 잡을 때와 짝짓기를 할 때는 주로 긴 2개의 팔을 사용합니다. 그리고 먹이를 먹을 때는 짧은 8개의 팔을 사용합니다.

오징어는 크기가 1.5cm밖에 안 되는 아주 작은 것에서부터 대왕 오징어처럼 길이가 20m나 되는 것까지 다양합니다.

오징어의 입은 매우 작아서 큰 물고기를 만나면 입으로 물 수도 없고 빨리 도망칠 수도 없어서 자기 몸을 보호하기 위해 먹물을 뿜아내는데, 그 먹물은 오징어의 뱃속에 있는 가느다란 작은 주머니에서 나옵니다.

　이와 같이 오징어나 문어는 놀라거나 성이 나면 자기 몸을 보호하기 위해서 먹물이라는 특수한 액체를 뿜어내는데, 처음에는 공격자의 눈을 가리는 연막 효과만 있는 것으로 생각했습니다. 그러나 자세한 연구 결과 공격자의 후각까지도 마비시킨다는 것을 알게 되었습니다.

　이들이 내뿜는 먹물의 주성분은 검정색의 멜라닌으로, 이것은 많은 동물이 싫어하는 냄새를 풍기므로 공격자들이 싫어하는 좋은 화학무기인 셈입니다.

　문어는 전 세계에 약 150종이 살고 있는데 열대 바다에서부터 추운 극지방에까지 널리 살아가고 있습니다.

　문어는 오징어와는 달리 팔이 8개로 길이가 모두 같으며 크기는 5cm가 안 되는 작은 것에서부터 알래스카에 사는 10m의 큰 것도 있습니다.

　대부분의 문어는 평상시에는 바다에서 기어 다니거나 바위틈에 숨어 있으며 꼭 필요한 때를 제외하고는 헤엄을 치지 않는 습성이 있습니다.

　문어는 앵무새의 부리같이 생긴 주둥이로 게나 바다가재를 잡아먹는데, 이렇게 몸이 연한 문어에게 단단한 갑옷을 입은 게나 바다가재가 잡아 먹히니 천적은 있게 마련인가 봅니다.

▲ 오징어

파란고리 문어의 모습을 한번 보세요. 우리가 흔히 알고 있는 문어와는 뭔가 달라 보이죠?

　호주의 연안에 사는 파란고리 문어의 입 안의 침 속에는 복어의 독과 같은 독을 가지고 있어서 먹이를 마비시키기도 합니다.
　문어는 척추가 없는 동물 중에서 가장 머리가 뛰어나며, 발달된 눈을 가지고 있어서 사물의 형태를 구별할 수 있는 능력이 있습니다.
　또 문어나 오징어는 몸의 무늬와 색깔을 자유자재로 바꾸며 자기의 생각을 전달한다고 합니다. 즉 수컷이 암컷과 짝짓기를 하려고 할 때 다른 수컷이 나타나면 번쩍거리는 얼룩무늬를 만들어 경고 신호를 보내기도 하고, 암컷과 수컷이 서로 좋아하는 감정을 색깔로 전달하기도 한답니다.

이상한 방법으로
살아가는 동물들도
있대요

이상한 방법으로 살아가는…

황소도 단시간에 먹어치운대요

▲ 피라니아

피라니아

많은 종류의 생물들이 서로 엉켜서 살아가는 아마존 강물 속에는 아주 무서운 이를 가지고 무리를 지어 살아가는 물고기가 있는데 바로 피라니아입니다.

물속에서는 사람도 거침없이 공격하는 식인물고기로 알려진 피라니아는 원주민의 말로 '이가 있는 물고기'라는 뜻인데 이 물고기에는 실제로 삼각형의 예리하고 날카로운 이가 솟아나 있습니다.

피라니아의 몸길이는 30㎝ 정도인데 무리를 지어 몰려다니는 열대의 육식성 담수어로, 성질이 몹시 사납습니다.

하천이나 강을 건너는 커다란 소나 양 등을 전후좌우에서 달려들어 뼈와 가죽만 남기고 순식간에 먹어 치우는 것으로 알려져 있습니다.

특히 이 물고기는 피 냄새를 아주 잘 맡기 때문에 상처가 있는 사람이 물속에 들어가면 순식간에 피 냄새를 맡고 무리를 지어 달려들

곤 합니다. 날카로운 이로 떼를 지어 물어뜯기 때문에 특히 상처가 있는 동물이나 사람은 이들이 살아가는 곳에서 조심해야 합니다.

몸 빛깔은 등 쪽은 회갈색이고 배면은 엷은 갈색이며 옆구리에 반점이 흩어져 있습니다.

알에서 깨어나 1년이면 성숙하는데, 암수의 구별이 쉽지 않고 암컷은 한 번에 3~4천 개의 알을 낳습니다.

수컷은 가슴지느러미로 물 흐름을 일으켜 알에 산소를 공급하며 알을 깐 후에도 보호를 하는 부성애를 발휘하기도 합니다.

남아메리카의 아마존 강이나 오리노코 강, 파라나 강 등에서 주로 살아가는 물고기입니다.

사람도 해친다는 피라니아예요. 소나 양 같은 동물도 거침없이 잡아먹는다고 합니다. 저 물고기가 커다란 동물을 잡아먹는다니 신기하기도 하고 무섭기도 하죠?

새끼를 낳는 파충류도 있대요

▲ 살무사

살무사, 구렁이, 누룩뱀, 실뱀, 무자치, 쏨뱅이, 망상어, 바다뱀

살무사는 우리나라 전 지역에 걸쳐서 살고 있는 유일한 독뱀으로 건조한 밭이나 논두렁, 대나무 숲 등 사는 장소가 매우 넓은 편입니다. 다리가 없는데도 잘 움직이며 자기 몸집보다 큰 동물을 삼키기도 합니다. 온몸이 비늘로 덮여 있는데 몸통의 비늘은 뚜렷하게 솟아 있는 줄과 1쌍의 바늘구멍을 가지고 있습니다.

머리는 세로로 긴 삼각형이고 비늘로 덮여 있으며 몸통에서 꼬리에 걸쳐 커다랗게 얼룩얼룩 아롱진 무늬가 있고 꼬리가 짧은 것이 특징입니다.

위턱 끝의 독 이빨에는 독물 주머니가 이어져 있는데 살무사의 독은 강력하고 독이 들어간 양에 따라 치명적이 될 수도 있습니다. 작은 독뱀이기 때문에 들어간 독의 양이 적어서 적어서 물린 것만으로는 목숨을 잃는 일이 극히 적지만, 물린

망상어

48 · 신기하고 특이한 동물 이야기

장소와 체력 등의 개인 차가 있어서 조심해야 합니다.

　살무사는 주로 밤에 활동하지만 때때로 날씨가 흐리거나 어두운 장소에서는 낮에도 활동하는 것을 볼 수 있습니다.

화려한 옷을 입고 있는 쏨뱅이에요.

　살무사의 활동 주기는 먹이가 되는 쥐들이 활동하는 시간과 비슷합니다. 먹이로는 쥐 외에도 도마뱀과 개구리를 먹습니다.

　뱀은 알을 낳는 것과 새끼를 낳는 것, 두 종류가 있는데 구렁이, 누룩뱀, 실뱀 등은 알이 어미의 뱃속에서 깨어나지 않고 그대로 몸 밖으로 나와 태양열이나 식물이 부패할 때 생기는 발효열을 이용하여 깨어납니다. 이런 것을 난생이라고 합니다.

　이와 달리 살무사는 겨울잠에 들어가기 전에 짝짓기를 하여 수정에 이르는데 이 수정된 알은 어미의 뱃속에서 깨어나 4~12마리의 어린 새끼가 태어납니다.

　이처럼 알이 어미의 뱃속에서 어린 새끼가 되어 태어나는 것을 난태생이라고 합니다. 난태생을 하는 것은 살무사 무리 외에도 독이 없는 무자치라는 뱀이 있습니다. 물고기 중에는 쏨뱅이와 망상어 등이 있고, 파충류에는 살무사와 바다뱀 등이 있습니다.

산소가 없이도 살 수 있대요

▲ 거북

거북

민물에 사는 거북은 호흡을 천천히 정지 상태로 몰고 가다가 산소가 없이 3개월간이나 찬물 속에서 살 수 있다고 합니다.

이런 독특한 능력을 이용해서 겨울 동안 얼어붙은 연못의 진흙 속에서 겨울잠을 자거나 오랜 시간을 흙 속에서 살아갑니다.

다른 동물들은 산소가 없이는 불과 몇 분만에 뇌가 파괴되어 죽게 되는데, 거북만큼은 산소가 없이도 몇 달씩이나 살 수 있다니 굉장하죠? 그 이유는 무엇일까요?

우선 거북의 뇌는 몸의 신진대사 속도를 90%나 낮추는 역할을 마음대로 할 수가 있습니다.

평상시에 거북의 뇌는 적절한 균형을 유지하며 살아가면서 다른 힘이나 에너지가 세포로 드나드는 것을 차단함으로써 에너지 소비를 최대한으로 줄이는 역할을 합니다.

또 거북의 몸을 통해 신경 전달 물질을 내놓는데, 이런 방법으로 산소를 구할 수 없을 때는 뇌를 움직이는 에너지의 연료인 글루코스에서 칼로리를 얻어 뇌를 작동시킵니다.

그러나 일반적으로 포유동물의 경우에는 거북과 달리 매우 섬세한 뇌를 가지고 있습니다. 그래서 뇌가 산소를 받을 수 없을 때는 곧바로 변화가 일어나서 뇌 세포가 죽어 가게 됩니다.

▲ 안녕하세요? 저는 지구상에 있는 파충류 중에서 가장 오래전부터 존재한다는 거북이에요. 산소가 없이도 살 수 있지요. 샘이 난다고요? 하하, 가장 오래된 이유가 다 있다고요.

감각기관이 유난히 발달되었대요

▲ 나방의 수

뱀, 나방의 수컷, 방울뱀

사람은 시각, 청각, 미각, 후각, 촉각의 다섯 가지 감각이 골고루 발달되어 있어서 외부의 자극을 다양하게 감지할 수 있습니다. 반면에 동물은 여러 감각기관 중에서 한두 가지만 발달되어 있는 것이 대부분입니다. 야생 동물의 감각기관 중에서 사람보다 특히 발달된 것을 찾는다면 그것은 단연 냄새를 맡는 후각입니다.

뱀이 두 갈래로 갈라진 혀를 계속 날름거리는 것을 보았을 것입니다. 그 혀의 끝으로 공기 중에 있는 화학 물질의 알갱이를 잡아서 입천장에 있는 야콥슨 기관으로 전달하려는 것입니다.

야콥슨 기관에는 화학 물질에 민감하게 반응하는 세포들이 모여 있기 때문에 흥분을 하면 신경이 이것을 뇌에 전달하여 냄새를 맡게 됩니다.

뱀의 혀가 두 갈래로 갈라진 것은 보다 효과적으로 화학 물질을 붙잡기 위해서이며, 혀를 날름거리는 것은 개가 킁킁거리는 것처럼 냄새를 계속해서 맡기 위해서입니다.

　나방의 수컷은 냄새로 암컷을 찾아 짝짓기를 합니다. 나방의 암컷은 페로몬이라는 화학 물질을 내보내는데 이 페로몬이 바람을 타고 멀리 퍼져 나가면 수 킬로미터 떨어진 곳에 있던 수컷도 이것을 감지하여 암컷이 있는 곳으로 날아와 종족 보존의 의무를 다하게 됩니다. 페로몬은 품종에 따라 그 성분에 차이가 있으므로 나방의 수컷이 다른 종류의 암컷을 찾아갈 염려는 없습니다.

　나방의 수컷은 공기 중의 미세한 페로몬 알갱이도 붙잡기 좋도록 더듬이가 깃털 모양으로 되어 있는데, 이것을 안테나처럼 넓게 펼치고 있습니다. 또한 더듬이를 계속해서 진동시킴으로써 감각의 효율성을 높입니다. 방울뱀이 어두운 곳에서도 먹이를 잡아먹을 수 있는 것은 방울뱀의 머리 부분에 느끼는 곳이 있어서 온도를 감지할 수 있기 때문입니다.

　이러한 감각점이 $1mm^2$(평방mm)에 500~1500개가 분포되어 있는 것에 비해 사람의 손에는 따뜻한 것을 느끼게 하는 온점이 $1cm^2$(평방cm)에 겨우 3개 정도밖에 없습니다.

　방울뱀은 이처럼 예민한 온도의 감각 기관으로 쥐처럼 항온동물의 몸으로부터 나오는 열을 민감하게 감지할 수 있어서 아무리 어두운 곳에서라도 정확하게 먹이를 잡을 수 있습니다.

▲ 뱀

잠을 자지 않아도 살 수 있대요

▲ 바다제비

소형 두더지, 바다제비

먹고 자고 배설하는 것은 모든 생명체의 기본이지만, 소형 두더지는 이런 활동을 하지 않고도 여유 있게 살아갑니다.

몸집에 비해 몸의 면적이 넓어서 체온 유지가 쉽지 않은 동물로 맥박 수는 1분당 1천 회를 넘는다고 합니다. 그래서 몸속의 영양분과 산소를 몸의 각 조직에 보내기 위해 많은 힘이 들어갑니다. 따라서 자신의 체중만큼 먹어야 건강하게 목숨을 유지할 수 있습니다.

이들은 살아남기 위해서 모든 시간과 노력을 먹이를 찾는 데에 집중해야 하기 때문에 잠자는 것을 아예 포기한 것이라고 하는데 그래도 살아가는 데는 전혀 지장이 없다고 합니다.

또 바다제비 중에도 잠을 자지 않는 종류가 있는데, 높은 산이나 섬에 둥지를 틀고 사는 바다제비 중에서는 새끼를 기르기 위해 낮에는 먹이 사냥을 하느라 잠을 잘 수가 없고, 밤에는 주위의 적이 가까이 오는 것을 막느라 뜬눈으로 밤을 새운다고 합니다.

물구나무서기로 여름을 난대요

▲ 잠자리

잠자리

잠자리의 크기는 대개 2~15cm정도에 불과합니다. 그리고 진화하는 과정에서 물속에서 생겨난 생명체가 육지로 올라오면서 아가미로 호흡했던 것이 폐로 바뀌기 시작했습니다.

잠자리의 애벌레는 물속에서 살고 있지만 껍질을 벗기 위해 땅으로 올라오면 몸이 마르기 전에는 이가미 호흡에서 순간적으로 폐호흡을 하게 됩니다.

우리나라에서 살고 있는 잠자리는 100여 종으로 파악되고 있는데 가장 흔한 된장 잠자리는 동남아가 원산으로 1시간에 100km 이상을 나는 속도로 계절풍을 타고 바다를 건너 우리나라에 옵니다.

잠자리의 가장 큰 특징은 체온 조절을 잘하지 못하기 때문에 뜨거운 여름에는 직사광선을 피하기 위해 물구나무서기를 곧잘 합니다. 이렇게 함으로써 땅에서 올라오는 복사열을 적게 받게 되는데 잠자리는 이런 자세로 에어컨이 없이 뜨거운 여름을 지내는 셈입니다.

잠자리의 짝짓기

이것은 햇볕에 닿는 면적을 가장 적게 하기 위한 잠자리 특유의 생존 방법입니다.

잠자리의 짝짓기는 곤충 중에서 가장 아름다운 자세로 이루어지는데 암컷은 수컷의 뒤에서 꼬리를 앞으로 접어 수컷의 배에 갖다 대고, 수컷은 꼬리를 위로 구부리고 암컷의 가슴을 눌러 하트 모양을 만듭니다.

잠자리의 종류 중에 묵은 실잠자리와 가는 실잠자리는 추운 겨울에도 죽지 않는 대표적인 것입니다. 이들은 나뭇가지 등에 매달려서 겨울잠을 자듯 움직이지 않고 겨울을 납니다. 기온이 따뜻하면 겨울에도 잠에서 깨어나 하늘을 날아다니기도 합니다.

물에서 사는 잠자리의 애벌레는 작은 벌레, 실지렁이, 올챙이, 작은 물고기까지 잡아먹는데 아랫입술이 몸체의 반이나 됩니다.

잠자리의 애벌레가 적을 만나면 죽은 체하기도 하고 잘못해서 적에게 잡히면 도마뱀처럼 다리나 꼬리를 떼어버리고 도망칩니다. 하지만 이때 떨어진 꼬리는 다시 살아납니다.

우리나라 등지에 많은 밀잠자리는 하루에 평균 12시간 동안 잠을 자는데, 풀잎에 매달린 채 날개를 펴고는 등을 서쪽으로 향하여 잡니다. 이는 햇볕이 들 때 빨리 몸을 데우기 위한 방법입니다.

이상한 방법으로 번식한대요

▲ 나비의 짝짓기

나비, 몰리, 여왕벌

나비는 지구상에 살아가는 곤충 가운데 종류가 수없이 많은 것으로 유명한데, 그중에서 암컷 나비는 소문난 바람둥이라고 합니다.

암컷 나비는 수놈과 짝짓기가 끝나는 즉시 또 다른 곳으로 날아가서 다른 수컷을 부르는 춤을 정신없이 추어댄다고 합니다.

그 모양을 본 주위의 다른 수컷들은 즉시 암컷 곁으로 날아와서 영리하게도 꼬리에 붙어 있는 긴 대롱을 암컷의 몸속에 집어넣습니다. 이는 방금 전에 짝짓기를 해서 몸속에 받아 놓은 다른 수컷의 정자를 모두 뽑아내고는 재빨리 자기의 씨를 넣어서 후손을 기대하려는 것입니다.

또한 아폴로 나비와 아마존에 살고 있는 점 나비는 암컷 나비가 갓 태어나서 날개가 채 마르기도 전에 수컷이 재빨리 어린 암컷에게 짝짓기를 하고는 자신의 체액으로 암컷의 생식기를 막아버리고 훌훌 날아가버린다고 합니다. 갓 태어난 암컷보다 수컷의 힘이 세기 때문에 강제로 짝짓기가 이루어지는 것인데, 정조대를 채워 놓았기 때문에 다른 수컷이 다가와도 짝짓기는 이루어질 수가 없겠지요. 즉 일생 동안 암컷이 두 번 다시 다른 수컷 나비와 짝짓기를 할 수 없도록 일종의 정조대를 착용시키는 것인데 이는 다른 종류의 품종이 섞이지 못하게 하는, 순수 혈통을 이어가려는 방법이기도 합니다.

이때 막는 부위는 암컷의 생식공 만을 막아버리는 것인데 나비나 나방 종류의 생식기에는 짝짓기용과 산란용의 두 개 구멍이 있기 때문에, 짝짓기 구멍이 막혀도 산란에는 지장이 없습니다.

시간이 조금 지나면 수컷의 체액이 암컷의 몸에서 그대로 굳어버리므로 암컷 새끼 나비는 태어나자마자 영문도 모르고 새끼를 벨 씨앗만을 몸속에 간직한 채 자라서 알을 낳게 되는 것입니다.

또 모시나비들도 짝짓기가 끝난 뒤에 암컷이 두 번 다시 짝짓기를 못하도록 수컷이 분비물을 내어 암컷의 배 끝에 수태낭이라는 주머니를 씌웁니다. 수컷은 암컷이 정조대를 만드는 동안 3~4시간을 기다리는데 정조대가 완성된 것을 확인한 수컷은 새로운 암컷을 찾아서 떠납니다.

이런 수태낭을 만드는 종은 한국에서는 모시나비 종류들과 애호랑 나비가 해당되는데, 대부분의 암컷 나비는 한 번의 짝짓

모시나비

기만으로도 자신이 갖고 있는 알 모두를 수정할 수 있는 몸의 구조를 갖고 있습니다.

애호랑나비

암컷 나비는 수컷의 정자를 보관할 수 있는 능력이 있어서 일생 동안 단 한 번만 짝짓기를 합니다. 그리고 암컷 흰나비는 수컷이 짝짓기를 하기 위해 날아오면 자신의 복부를 위로 들어올려서 이미 짝짓기를 했음을 나타냅니다.

몰리

아마존 강에 사는 아마존 몰리는 모계사회를 이루고 살아가는 물고기입니다.

이 아마존 몰리는 송사리과 열대어와 밀접한 관계를 가지는 물고기로 크기는 5~7cm 정도로 작은데, 이 물고기는 결코 수컷 물고기를 낳지 않는다고 합니다.

이 물고기는 후손을 번식하기 위해서 산란할 시기가 되면 자기들의 생김새와 비슷한 종의 수컷을 1년에 딱 한 번 유혹하여 짝짓기를 합니다. 그러나 다른 물고기의 수컷의 정자가 실제로 알을 부화하기 위해서 쓰이지는 않는다고 합니다.

수컷의 정자가 암컷이 낳은 알 속으로 들어가는 것은 사실이지만 이는 수정을 하기 위한 것이 아니고 세포 분열을 일으키기 위한 것입니다.

　이러한 과정에서 단 하나의 세포가 살아 있는 물고기를 구성하는 수십억 개의 세포로 발전되는 것입니다. 다른 종의 수컷의 어떠한 유전적인 특징도 새끼에게 유전이 되지 않기 때문에 몰리라는 물고기는 어미의 유전 형질을 그대로 받고 태어납니다. 즉 수컷의 성염색체는 유전되지 않고 난세포 속에서 죽어 버린다고 할 수 있습니다.

▲ 몰리

　과학자들은 몰리의 생식 방법은 수컷 없이도 번식이 가능한 처녀 생식의 매우 특별한 형태를 가지고 있다고 말합니다. 이렇게 특이한 생식 방법에 의해 세상에 태어난 물고기는 모두가 암컷뿐이므로 암컷의 유전자만 물려받은 것입니다.

　이런 생식 방법을 계속 유지한다면 앞으로 수만 년이 지나도 이 물고기는 조상들과 똑같은 모습으로 남아 있지 않을까 생각됩니다.

　이 물고기들은 종족보존을 위해서 자기만의 영역을 가지고 있다고 하는데, 특정 종과 짝을 지으러 갈 때만 자신의 영역을 떠나고 짝짓기가 끝나면 다시 자기 영역으로 돌아온다고 합니다.

　이때 다른 종의 수컷이 따라오면 지느러미로 때려서 쫓아 버리므로 자신들의 여인 왕국에는 아무도 들어오지 못하게 한다고 합니다.

　아마존 몰리의 살아가는 모습을 보면서 유전적인 물질의 결합이 없어도 동물들은 후손을 보게 된다는 사실에 과학자들은 놀라고 있습니다. 그래서 동물애호협회에서는 이 물고기를 연구하여 사라져 가는 동물들의 멸종을 막아보려고 연구하고 있습니다.

여왕벌

새로 태어난 여왕벌은 수벌과 짝짓기를 마쳐야만 비로소 완전한 여왕벌이 됩니다. 결혼을 하지 못한 여왕벌은 설령 알을 낳는다고 해도 무정란밖에 낳지를 못하므로 그 벌떼는 갑자기 쇠퇴해져서 모두 죽게 되고 맙니다.

여왕벌은 다른 곤충과 달리 반드시 공중을 날면서 짝짓기를 하며 어떤 일이 있어도 벌통 안에서는 짝짓기가 이루어지지 않습니다.

여왕벌은 태어난 지 6~10일 사이에 맑고 바람이 없는 청명한 날을 택해서 공중으로 날아 오릅니다. 그러면 그 벌떼 속에서 함께 있던 모든 수벌은 물론이고 다른 벌통에 있던 수벌까지도 벌통 밖으로 나와서 처녀 여왕벌의 뒤를 따라 날아갑니다.

이때 힘이 가장 세고 빠르게 나는 수벌만이 처녀 여왕벌과 공중에서 날면서 짝짓기를 하게 되는데 이때 수벌은 생식기가 달린 몸의 일부를 처녀 여왕벌의 몸속에 넣어 주고는 그 자리에서 땅으로 떨어져 일생을 마치게 됩니다. 즉 수벌은 처녀 여왕벌과 결혼을 하면 그 즉시 죽고 말지만, 결혼을 하지 못한 다른 수벌들은 수개월을 살 수 있습니다.

수벌은 짝짓기가 절정에 도달하면 몸에서 펑 하는 소리를 내며 폭발이 일어나 성기가 빠져나갑니다. 이처럼 수벌의 생식기를 여왕벌의 몸속에 남겨두는 일은 더 이상 다른 수벌의 정액을 받지 못하도록 막는 방법이기도 합니다. 다시 말하면 수벌에서 잘려 나온 성기가 여왕벌에게는 정조대 역할을 하는 것입니다

여왕벌의 짝짓기 비행은 몇 분 내에 그치는 것이 보통이지만 시간이 다소 길 때는 30분 이상이 걸릴 때도 있습니다.

짝짓기를 마치고 자기 벌통으로 돌아올 때는 배 끝에 수벌의 생식기와 몸의 일부를 달고 있게 되는데, 이것은 일벌들이 달려들어 뽑아 주게 됩니다.

이렇게 짝짓기에 성공한 여왕벌은 두 번 다시 짝짓기를 하지 않는데, 한 번의 짝짓기로 받은 수벌의 정액을 몸속에 저장해 두었다가 필요할 때 꺼내어 사용합니다.

짝짓기 후 자기의 몸을 바친대요

▲ 늑대거미

깡충거미, 늑대거미, 닷거미, 게거미, 호랑거미, 왕거미, 사마구

   많은 거미류 중에는 수컷이 암컷 크기의 절반도 안 되는 것이 있습니다. 이렇게 왜소한 수컷이 선택한 번식 전략은 자식만 얻으면 이 한 몸 바친다는 필사의 몸부림입니다.

   즉 수컷은 암컷과 짝짓기한 후, 스스로 암컷에게 꽁무니를 들이댑니다. 그러면 암컷은 수컷을 서시히 녹여 삼킵니다. 결국 수컷은 자기 몸을 희생해서 새끼를 잉태하게 하는 것입니다.

   거미 역시 다른 동물들과 마찬가지로 종에 따라 특이한 구혼행위를 하는데 깡충거미, 늑대거미 등은 수컷이 암컷 앞에서 구혼 춤을 추고 닷거미 무리는

호랑거미예요. 이 거미는 암컷이 페로몬을 분비하여 수컷을 부른답니다. 호랑이 가죽과 색깔이 비슷해서 호랑거미라고 부르나 봐요.

자기가 잡은 먹이를 암컷에게 선물로 주고 암컷이 이것을 먹는 동안 짝짓기를 마칩니다.

게거미 무리는 짝짓기 전 수컷이 암컷의 몸을 실로 묶어 두고 짝짓기를 하며 호랑거미, 왕거미 등 그물을 치는 거미들은 암컷이 페로몬을 분비하여 수컷을 부릅니다. 수컷은 일단 암컷의 그물로 가서 그 줄을 앞다리로 퉁긴 후 암컷의 반응을 기다립니다. 암컷이 반응하여 줄을 튕겨오면 그제야 접근하여 짝짓기를 하는데, 그렇게 될 때까지 2~3일이 걸리는 경우도 있습니다.

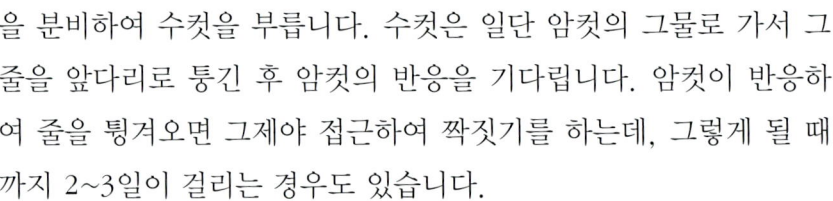
▲ 사마귀

암컷 거미는 식욕이 왕성해서 수컷까지 잡아먹는 경우가 있는데 거미 외에도 사마귀를 살펴보면, 암컷에 비하여 수컷이 작기 때문에 암컷에게 잡히면 죽음을 면치 못합니다.

사마귀의 경우, 짝짓기 도중 암컷이 수컷을 잡아먹는 엽기적 행위로 유명한데, 더 놀라운 사실은 수컷이 머리를 먹히면 더욱 왕성하게 짝짓기를 한다는 것입니다.

평소 머리가 성욕을 억제하는 역할을 하는데 그 통제가 사라지기 때문이라고 합니다. 그러나 모든 거미나 사마귀가 암컷에게 잡아먹히는 것은 아니고 여러 종류 가운데 일부일 뿐입니다.

◀ 게거미가 벌을 잡아먹고 있어요. 자기보다 큰 벌을 잡아먹다니…. 저러다 벌에게 오히려 쏘이지나 않을까 걱정되죠?

암수가 한 몸에 있대요

▲ 지렁이

지렁이

소나 돼지 등은 암수가 따로 있지만, 지렁이는 한 몸 안에 암수 생식기를 모두 가지고 있습니다.

이렇게 생긴 지렁이도 알을 낳을 때는 다른 지렁이와 짝짓기를 해야 합니다. 자기 몸 안에 난자와 정자는 있지만 같은 몸 안에 있는 것으로는 수정이 될 수 없기 때문입니다. 즉 지렁이의 한 몸에서 나오는 난자와 정자는 나오는 길이 다르기 때문에 서로 수정이 되지 않습니다.

그렇기 때문에 지렁이는 비록 암수의 생식기가 한 몸 안에 있어도 다른 두 마리가 짝짓기를 해야 종족을 번식시킬 수가 있습니다.

지렁이의 짝짓기는 두 마리가 몸의 앞부분 배면을 밀착시켜 서로 정액을 교환하는 방식으로 이루어지며 수정된 난자는 환대(목 부분의 흰 띠)에서 형성되는 난포에 싸여서 출산됩니다.

지렁이는 1~2개의 알을 낳는 것이 보통이며 많을 때는 20여 개를 낳을 수도 있지만 모두가 부화하여 자라지는 않습니다.

　지렁이의 알의 크기는 종류에 따라 다르지만 보통은 2mm~6mm 정도의 것이 많습니다.

　지렁이가 좋아하는 먹이는 썩은 식물과 동물의 대변인데 썩은 낙엽도 좋아합니다. 낙엽이 진 후 오래된 것일수록 지렁이가 먹기에 적당해지는데 이것은 지렁이가 싫어하는 페놀 물질들이 분해되어 미생물의 작용에 의해 먹기 쉬운 상태로 되기 때문입니다.

　싱싱한 낙엽 부스러기들을 지렁이 굴로 끌어들인 다음, 바로 먹지 않고 점액을 분비하여 낙엽을 습하게 만들고, 박테리아에 의해 어느 정도 분해가 진행된 후에 먹습니다.

▼ 지렁이가 짝짓기를 하고 있어요 암수가 한 몸에 있다니, 생긴 것만큼이나 특이한 동물이죠?

특이한 방법으로 짝짓기를 한대요

▲ 가시고기

큰물자라, 가시고기, 톡토기

　동물들은 짝짓기를 해도 반드시 자식을 남기게 된다는 보장이 없습니다. 그러므로 큰물자라의 수컷은 자기 정자가 확실하게 암컷의 짝짓기 주머니에 저장되도록 한 마리의 암컷과 여러 번 짝짓기를 한 후, 자신의 등 위에 강제로 알을 낳게 하고 직접 새끼를 기릅니다.

　또 가시고기의 수컷은 둥지를 만들어 놓은 다음, 등 쪽의 푸른색과 배 쪽의 붉은색을 선명하게 하여 암컷을 둥지로 끌어들여 산란을 유도합니다.

　또한 암컷의 산란이 끝나면 바로 그 위에 정자를 방출시키고 그 자리를 떠나지 않습니다.

　보통의 고기들은 부화와 양육의 책임이 암컷의 몫이지만, 가시고기의 경우는 정반대로 산란을 마친 암컷은 뒤도 돌아보지 않고 곧장 둥지를 떠납니다. 그때부터 수컷은 먹이 사냥마저 중단한 채 단 한순간도 둥지 곁을 벗어나지 않습니다.

또한 산란 후 둥지 주변에 모래를 덮어 위장을 하여 적의 침입으로부터 알을 보호합니다.

다시 모래를 헐어내고는 둥지 앞에서 부화에 필요한 산소를 공급하기 위해서 쉼 없이 부채질을 해댑니다. 그야말로 부성애가 가장 큰 동물이라고 할 수 있습니다.

한편 톡토기는 직접 짝짓기를 하지 않고 간접 짝짓기를 하는 원시적인 곤충인데, 수컷은 아주 작은 정포를 암컷이 지나갈 만한 숲 속의 여러 곳에 뿌려두고 기다립니다. 그러면 그곳을 지나던 암컷이 그 정포를 생식기에 넣어둠으로써 정자와 난자가 만나게 되어 후손을 보게 됩니다.

원시적인 곤충, 톡토기예요. 특이하게 생겼죠?
짝짓기를 직접하지 않고 간접적으로 하다니
꽤 점잖은 동물인가 봅니다.

수컷의 생식기가 진화되었대요

▲ 실잠자리

실잠자리, 수고양이

모든 동물의 수컷의 생식기는 암컷의 생식기 안에 삽입하여 정자를 사정하는 단순한 일을 통해 난자를 수정시키는 역할을 수만 년 동안 해 왔기 때문에 지금까지 이어왔습니다.

그러나 수컷들의 생식기는 수정을 위한 단순한 구조를 넘어서는 복잡하고 정교한 구조로 되어 있습니다. 특이한 것은 실잠자리 수컷의 생식기 끝은 아주 작고 가는 솔 모양으로 되어 있는데, 그 이유는 암컷의 생식기 안에 이미 들어 있을지도 모르는 다른 수컷의 정자들을 긁어내기 위해서 차츰 진화하여 생긴 모양입니다.

곤충 중에는 짝짓기를 하는 동안 암컷의 반항과 거부 등 심한 발버둥으로 생식기가 암컷의 몸속에서 빠지지 않도록 생식기 끝에 갈고리가 달려 있는 것도 있습니다. 특히 재미있는 것은 수고양이의 생식기에 달려 있는 가시 모양의 돌기들은 암고양이의 질 속을 자극하여 배란을 촉진시키는 작용을 하기 위해 변형된 것이라고 합니다.

소금을 뿌리면 작아진대요

▲ 괄태충

괄태충

　시궁창 같은 습한 곳에서 볼 수 있는 괄태충이라는 동물은 달팽이의 종류에 속하는데, 몸이 물렁하고 미끈미끈하기 때문에 징그럽고 불결한 느낌이 듭니다.

　달팽이는 복족류인 고둥의 일종이므로 괄태충도 고둥의 일종이라고 할 수 있습니다. 다만 보통의 괄태충은 껍질이 없지만 등딱지 괄태충은 접시 모양의 껍질이 있으며 유럽과 아프리카의 조개 괄태충은 몸의 뒤끝에 전복 껍질 같은 작은 귀 모양의 껍질이 있습니다.

　괄태충은 머리 부분에 두 쌍의 촉각을 가지고 있는데, 큰 촉각의 끝에는 눈이 있고 작은 촉각에는 냄새를 맡는 기관이 있어서 먹이를 찾아내는 역할을 합니다. 또한 머리 부분의 배 쪽으로 입이 있고 입 속에는 먹이를 갉아 내어 먹기 위한 줄 모양의 이가 있습니다.

　몸의 앞부분에는 작은 구멍이 나 있는데 이것은 폐로 통하는 숨구멍으로, 이곳을 통해 공기를 들이마시며 폐호흡을 합니다.

괄태충의 몸 표면에는 그물눈 모양으로 된 주름이 있고 언제나 점액으로 젖어 있기 때문에 괄태충은 마른 곳을 싫어하며 언제나 습기가 많고 햇빛이 들지 않는 곳에 살고 있습니다.

괄태충은 낮에는 보통 눈에 띄지 않는 습한 장소에 숨어 있다가 밤이 되면 기어 나와서 먹이를 찾아다니는데, 기어 다닌 자리에는 점액이 묻어 있어서 이것이 마르면 은빛으로 빛나는 줄이 되어 잘 보이게 됩니다. 그러므로 낮에 숨어 있더라도 그 줄의 흔적을 더듬어 가면 괄태충이 숨어 있는 곳을 찾아낼 수 있습니다.

버섯 종류는 괄태충이 제일 좋아하는 먹잇감으로, 표고버섯을 재배하고 있는 곳에서는 많은 피해를 입는 수도 있습니다.

우리나라의 괄태충은 모두 식물을 먹고 살지만 유럽에는 노래기나 지렁이를 비롯하여 같은 괄태충도 먹는 육식성도 있습니다.

괄태충은 암수 한 몸으로 보통은 봄부터 가을에 걸쳐서 흙 속이나 돌 밑에 작은 알을 20~50개 정도 낳는데 알은 석회질의 단단한 껍질로 덮여 있으며, 2~3주일이면 부화합니다.

괄태충에 소금을 뿌리면 차츰차츰 작아지는데 이것은 괄태충의 몸속의 염분 농도에 비해 소금으로 둘러싸인 몸 바깥의 염분 농도가 높기 때문에 체액이 몸 밖으로 빠져나가 버리기 때문입니다.

즉 체액을 잃어서 극단적으로 작아지는 것인데, 그렇다고 완전히 사라져 버리는 것은 아닙니다. 물론 소금이 아닌, 설탕을 뿌려도 마찬가지 현상이 일어납니다.

낚시의 명수래요

▲ 가마우지

가마우지

　중국에서 신선이 산다고 할 만큼 아름다운 계림 지방에 사는 순박한 사람들은 먼 옛날부터 가마우지를 이용한 낚시를 생업으로 삼고 살아왔습니다.
　가마우지는 검은 잿빛에 잘 날지 못하는 작고 보잘것없는 날개를 가진 새로, 길고 끝이 구부러진 주둥이와 긴 목으로 물고기를 재빠르게 낚아채고 큰 물고기를 쉽게 삼키는 능력이 있습니다.
　이 새는 부리 주위에서부터 눈 가장자리에 걸쳐 깃털이 없으므로 피부가 노출되어 있습니다.
　사람들은 가마우지 새를 잘 훈련시켜서 낚시를 하고 있는데, 이 가마우지 낚시 방법은 아주 간단합니다.
　우선 주인이 배를 타고 강의 한복판으로 나가서 가마우지의 목 아랫부분을 끈으로 묶어 가마우지가 물고기를 삼키지 못하도록 한 다음 물속으로 가마우지를 들여보냅니다. 그러면 물속에서 매우 빠른 몸놀림으로 물고기를 잡아서 부리로 물고 물 밖으로 나옵니다. 주인이 긴 막대를 가마우지 앞으로 가져가면 그 막대를 타고 가마우지가 주인에게로 다가오는데, 이때 가마우지의 목에서 잡은 물고기를 꺼내면 낚시가 성공한 것입니다.

이렇게 번갈아 가며 가마우지 입 속에 있는 물고기를 배 위에서 꺼내어 그릇에 담는데, 이처럼 이곳 사람들은 가마우지 덕분에 편히 앉아서 물고기를 먹는 셈입니다.

옛날 중국에서는 이 낚시를 하려면 왕실의 허락을 받아야만 할 수 있어서 중국의 역사만큼이나 오래된 낚시법이라고 전해지고 있습니다.

이 가마우지는 낚시꾼들에게는 그 어느 것에 비길 수 없는 큰 재산이 아닐 수 없습니다. 그러므로 가마우지를 많이 기르면 그만큼 부자라는 말이 있는데, 이 가마우지 낚시는 아직도 중국에서 최고급 낚시로 불리고 있습니다.

가마우지들이 고기를 잡으려고 기다리고 있는 것 같죠? 가마우지는 고기를 잘 잡아 주니 사람에게 아주 유용한 새라고 할 수 있지요.

몸속에서 전기를 만든대요

▲ 전기가오리

전기뱀장어, 전기메기, 전기가오리

　전기를 만들어 내는 물고기는 전기뱀장어, 전기메기, 전기가오리 등이 있습니다. 아마존 강 깊숙이 살고 있는 전기뱀장어는 몸길이가 2m가 넘는 것도 많이 있는데, 목욕하는 사람들에게 전기 충격을 주어 매년 부상자가 많이 생길 정도라고 하며 약 800볼트나 나가는 전기를 발전한다고 합니다.

　옛날에는 원주민들이 이 아마존 강을 건너기가 두려워서 먼저 말을 건너보낸 뒤에 말이 안전하게 건너면 그제야 강을 건넜다는 이야기가 있을 정도로 전기뱀장어는 사람들에게 두려운 존재였습니다. 그렇다면 전기를 내는 물고기들은 어떻게 그 높은 전압의 전기를 만들어 내는 것일까요?

　동물들의 몸 안에는 많은 양의 이온이라는 물질이 존재하고 있는데, 이온의 분포나 이동이 일정하지 않으면 서로 각기 작용하여 전위차가 생기게 됩니다.

전기뱀장어

　동물의 근육이나 신경을 구성하는 세포는 세포막에 싸여져 있고 그 안와 바깥에는 이온이 들어 있는 물질로 가득 차 있습니다.
　세포의 안과 바깥에는 이온의 조성에 큰 차이가 있는데, 일반적으로 세포 안에는 칼륨 이온(K^+)이 많은 것에 비해 세포 바깥에는 나트륨 이온(Na^+)이 많이 존재하고 있습니다. 그러나 신경이나 근육이 흥분하면 세포막의 성질이 변화해서 칼륨 이온에 대한 것보다 나트륨 이온에 대해서 높은 투과성을 나타내게 되기 때문에 나트륨 이온이 세포 안으로 한꺼번에 유입하게 될 때 전류가 흐르게 됩니다.
　전기가오리나 전기뱀장어의 발전 기관은 횡문근이 변화한 것으로 다수의 전기판이라고 불리는 편편한 세포가 규칙적으로 배열한 모양을 갖고 있습니다. 이들 전기판이 직렬로 접속됨으로써 높은 전압이 발생하도록 만들어져 있는 것입니다.

고향으로 돌아온대요

▲ 비둘기

연어, 오징어, 산천어, 뱀장어, 비둘기, 전서구, 제비

　강 상류의 맑은 물에서 태어난 연어의 어린 새끼는 바다로 흘러 들어가서 멀리 베링해까지 마음껏 돌아다닙니다. 그러다가 성장하여 마침내 알을 낳을 시기가 되면 다시 고향으로 돌아옵니다.

　고향으로 돌아온 암컷이 자갈 밑에 알을 낳으면 그 위에 수컷이 정액을 뿌리는데, 수정한 후에 엄마 아빠 연어는 그 자리에서 일생을 마감합니다.

　알을 낳은 즉시 죽는 것으로는 오징어에서도 볼 수 있는데, 오징어는 연어와 마찬가지로 알을 낳고는 그 자리에서 힘없이 죽고 맙니다.

　겨울이 가고 다시 따뜻한 봄이 찾아오

연어들이 힘차게 강물을 거슬러오르고 있어요. 영차! 영차! 고향으로 돌아가는 길은 신나고 즐겁습니다.

면 알에서 태어난 연어 새끼들은 자갈을 밀치고 기어 나와서 자기 조상들이 한 것처럼 다시 바다를 향해 하류로 헤엄쳐 나갑니다.

산천어

이윽고 바다에 이른 어린 연어들은 아무런 두려움 없이 선조들이 그러했듯이 다시 베링해까지의 머나먼 여행을 시작합니다.

마침내 북태평양에 도착한 어린 연어들은 넓은 바다에서 마음껏 뛰놀다가 어른 연어로 자라면 다시 고향을 향한 여행을 시작합니다.

이처럼 연어들은 자신이 태어난 강으로 되돌아오는데 그렇다고 해서 고향으로 돌아가는 과정이 생각만큼 안전하지도, 쉽지도 않습니다.

알에서 부화한 어린 연어의 대부분은 바다로 돌아가지만 일부 괴짜들은 그냥 고향인 민물에 남아서 일생을 살아갑니다. 이들이 바로 산천어입니다. 산천어는 지금은 우리나라에서 거의 찾아보기 힘든 희귀어종이 되고 있습니다.

고향을 찾는 또 다른 물고기로는 뱀장어를 들 수 있는데, 연어와 정반대의 생활을 하여 연어와는 또 다른 신비로움을 보여줍니다.

뱀장어의 고향은 연어와는 반대로 민물이 아닌 바다 속입니다. 특히 우리나라에서 잡히고 있는 뱀장어의 고향은 아직 아무도 모른답니다. 다만 적도 근처의 태평양 심해의 어느 곳일 것으로 추정할 뿐입니다.

　뱀장어는 아무도 모르는 미지의 심해에서 태어나서 불과 몇 센티미터 정도의 가느다란 실지렁이 형태로 민물로 올라와서 자랍니다. 민물에서 생활하면서 어른으로 자란 뱀장어는 알을 낳을 시기가 되면 다시 정든 민물을 떠나 자기가 태어난 고향인 바다를 향해 길고 먼 여행을 시작합니다.

　연어와 마찬가지로 뱀장어들도 자신이 태어난 고향으로 반드시 되돌아가려고 하지만 앞길이 그리 순탄치는 않습니다. 이들이 고향으로 되돌아가는 이유는 한마디로 말하면 바로 귀소 본능입니다.

　비둘기도 이와 마찬가지로, 한 번도 가보지 않은 수백 킬로 밖에서도 자신의 집을 찾아오는 능력이 있습니다. 이러한 능력을 활용하여 과거에는 공식적인 우편 업무나 유사시의 신속한 연락 업무를 담당했습니다.

　지금도 비둘기의 귀소 본능을 이용한 비둘기 집 찾기 달리기가 행해지고 있습니다.

　제비들도 가을이 되어 기온이 내려가기 시작하면 강남을 향해 머나먼 여행을 시작합니다. 제비는 고향으로부터 수만리 타향에서 겨울을 나고, 다시 따뜻한 봄이 돌아오면 겨울 동안 비워 둔 자신의 집으로 되돌아옵니다.

3억 년 전의 모습으로 살아간대요

▲ 긴 꼬리 투구새우

긴 꼬리 투구새우

이 동물의 몸은 원통형으로, 등 쪽에 몸의 절반 이상을 덮는 투구 모양의 갑각이 있습니다.

촉각은 아주 작게 퇴화되어 있으며, 가슴 부위와 배 부위에는 각각 11쌍, 17~19쌍의 다리가 있는데, 앞의 2쌍의 가슴 부위의 다리를 제외한 모든 다리들은 나뭇잎 모양을 하고 있습니다.

긴 꼬리 투구새우는 올챙이와 비슷하게 생겨서 미국에서는 올챙이 새우라고 부르기도 합니다.

이 투구새우는 독일에서 3억 년 전 고생대의 지층으로부터 화석이 발견되었다는 보고가 있은 이후 지금까지 거의 진화하지 않고 살아가는 동물로 많은 학자들의 관심의 대상이 되고 있습니다.

가까운 일본에서는 3종의 투구새우가 각기 다른 지역에서 살아가는 모습이 발견되고 있으며 그중 관동 지역에서 확인된 투구새우는 우리나라에서 사는 긴 꼬리 투구새우와 같은 종류라고 합니다.

긴 꼬리 투구새우와 유럽 투구새우는 수컷이 없이 암컷만 존재하여 단위생식을 하거나 한 몸에 암수가 같이 존재하지만, 아시아 투구새우는 암수가 따로 있어서 종족을 퍼뜨리고 있습니다.

1999년 전남 강진군의 논에서 최초로 발견된 적이 있는 투구새우는 긴 꼬리 투구새우인데, 이 품종만 우리나라에서 살고 있는 것으로 알려져 있습니다.

그 후 우리나라 남부 지방의 논의 못자리나 모내기 전 물을 대 놓은 논에서 드물게 발견되는데, 모내기 이후에는 찾아보기가 어렵습니다.

한국을 비롯한 중국의 만주지방과 그 밖의 서인도 제도, 갈라파고스 제도, 하와이 제도, 일본 등에 분포하여 살아가는데 전 세계적으로는 15종 정도가 있는 것으로 확인되고 있습니다.

아주 희귀한 긴 꼬리 투구새우예요. 발견하기가 어려우니 혹시 만나면 조심조심 다뤄야겠어요.

지구에서 가장 나이가 많대요

▲ 바퀴벌레

바퀴벌레

바퀴벌레는 고생대에 지구에 나타났는데, 숲 속에서 생활하다가 차츰 사람들이 살고 있는 집안으로 들어와 살면서부터 어느 곳에서나 살게 되었습니다.

열대 지방에는 약 3500종이 살고 있는 것으로 밝혀지고 있으며 우리나라에도 약 7종이 살고 있는 것으로 파악되고 있는데, 모두 비행기나 배를 통해 들어온 외래 곤충입니다.

바퀴벌레는 모여서 사는 특징이 있는데, 그 이유는 페로몬 때문이며 이와 같은 물질은 바퀴벌레의 직장에 있는 분비 세포에서 생산됩니다.

바퀴벌레는 알주머니가 만들어져서 떨어뜨리는 즉시 알이 부화되어 약 40마리의 흰 색깔의 새끼가 깨어 나옵니다.

몸은 폭이 넓고 배와 등이 납작하며 앞가슴과 등이 몹시 커서 머리의 윗면을 거의 덮고 있습니다.

바퀴벌레는 일생에 여러 번 짝짓기를 하지만 단 한 번의 짝짓기를 통해서도 여러 차례의 수정란 덩어리를 생산할 수 있습니다. 경우에 따라 수컷 없이 생식이 가능한 처녀 생식까지도 할 수 있는데 이때 나온 바퀴벌레는 모두 암컷입니다.

바퀴벌레는 밥이나 빵과 같은 녹말 성분이 들어 있는 음식을 좋아하기는 하지만 사람이 먹을 수 있는 음식이나 음료수는 물론, 사람이 먹을 수 없는 유기물질까지도 무엇이든 가리지 않고 잘 먹으며 다리나 더듬이를 잃어버려도 살 수 있습니다.

영하 12°C, 습도 40%에서 먹이와 물이 없이도 각각 20일과 42일을 살 수 있으며, 마른 먹이만 있을 때는 각각 15일과 40일, 물만 있을 때는 35일과 90일을 살 수 있습니다.

바퀴벌레가 그렇게나 오래전부터 살아온 벌레라는데, 그렇다면 오래된 할아버지답게 점잖아야 하지 않을까요? 예나 지금이나 사람들을 해롭게 하니 골칫덩이가 아닐 수 없죠?

민물에 사는 가장 큰 민물고기래요

▶ 피라루쿠

피라루쿠

아마존 강에 살고 있는 물고기인 피라루쿠는 몸길이가 4~5m에 이르고 몸무게가 200kg이나 나가는, 민물에서 사는 물고기 중에서 가장 큰 물고기입니다.

이 물고기는 맛도 좋아서 흔히 '민물 대구'로도 불리는데 아가미와 허파를 모두 가지고 있으며, 몸에 산소를 공급하기 위하여 가끔 수면 위로 올라올 때가 있습니다.

이와 같은 특성을 잘 이용하는 아마존 어부들은 이때를 기다렸다가 큰 작살을 던져서 피라루쿠를 잡습니다.

피라루쿠라는 이름은 이곳에 사는 사람들이 부르는 이름으로 '피라'는 물고기라는 뜻이고 '아루크'는 새빨간 열매를 맺는 식물 이름에서 따온 것입니다.

피라루쿠의 산란기는 4~5월로, 이때 많은 번식을 하는데 이때 암컷의 몸 빛깔은 암갈색이 되고 수컷은 머리가 검어지면서 꼬리는

빨간색으로 바뀝니다.

  이때가 아마존은 우기에 해당하는데 아마존 강의 강물이 넘쳐서 냇가의 낮은 곳은 온통 바다처럼 물을 덮어쓰게 됩니다.

  피라루쿠는 얕은 곳으로 옮겨 입이나 턱 또는 지느러미를 이용해서 바닥에 구멍을 판 다음 알을 낳는데, 한 마리의 암컷이 이 구멍에 18만 개 정도의 알을 낳습니다. 알의 크기는 직경이 보통 4mm이며 5일이면 부화하지요.

  치어들은 자기가 태어난 부근에서 헤엄치며 놀다가 적이 나타나면 아비의 머리 위에 일제히 모여듭니다. 이때 어미 파라루쿠는 조금 떨어진 곳을 헤엄치면서 가까이 오는 적을 내쫓습니다.

  피라루쿠는 보통은 물이 얕은 곳을 천천히 헤엄치는데 가끔은 머리를 내밀어 공기를 빨아들여 부레에 공기를 채워둡니다.

  피라루쿠의 부레는 목 뒤에 붙어 있는데 폐의 기능을 한다고 합니다.

  부레의 속은 혈액을 응고시키는 중요한 역할을 하는 혈소판이 사람처럼 매우 크다고 하는데, 실제로 피라루쿠의 혈액은 공기와 접촉하면 응고된다고 합니다.

지구에서 가장 큰 뱀이래요

▲ 아나콘다

아나콘다

아나콘다는 남아메리카에서 살고 있는 큰 뱀으로 몸길이가 7m 이상 나가고 몸무게도 약 100kg 이상 나가는데, 뱀 중에서는 가장 무겁고 크다고 합니다.

이들은 보아 뱀의 일종으로 세계에서 가장 클 뿐만 아니라 매우 사나운 뱀 중의 하나입니다.

이들은 수컷에 비해 암컷이 훨씬 큰 것이 특징인데, 이 뱀은 선사시대 때부터 존재하는 것으로 알려져 있으며 물속에서 살다가 땅위로 올라오기도 합니다.

아나콘다가 먹이를 사냥하는 것을 보면 먹이를 그 무거운 몸무게로 깔고 앉아서 누르기도 하고, 또는 긴 몸으로 먹이를 빙빙 둘러 감아 조여서 숨을 못 쉬게 합니다.

아나콘다는 멧돼지 등의 몸집이 큰 동물을 비롯해서 영양이나 자라 따위를 잡아먹습니다. 일단 먹이를 잡으면 온몸으로 똬리를 틀어 조른 뒤에 뼈까지 으스러뜨리며 통째로 삼켜버리는데, 일단 삼킨 것을 통째로 뱉어냈다가 다시 삼키는 버릇도 있습니다.

아나콘다는 아마존 강 유역과 북아메리카에서 사는데, 푸른 아나콘다와 노란 아나콘다의 두 종류가 있습니다.

이중 노란 아나콘다는 푸른 아나콘다에 비해 몸길이가 3~4m 정도로 작으며 주로 아마존 강 하구에 서식합니다.

성질이 온순하여 사람을 해칠 위험성은 적지만, 때로는 사람을 졸라 죽이거나 잡아먹기도 한다고 합니다.

하루의 대부분을 물속에서 보내며 주로 낮 동안에 얕은 물가나 나뭇가지에서 숨어 있다가 물고기, 자라, 카이만, 사슴 등을 잡아먹습니다.

구애와 짝짓기는 물속에서 이루어지며, 가끔 암컷 1마리와 여러 마리의 수컷이 둥글게 한데 엉키는 모습을 보여주기도 합니다. 또한 한 번에 새끼 뱀 4~8마리를 물속에서 낳습니다.

아나콘다는 이 세상에서 제일 큰 뱀이래요.
어휴, 꿈에 나올까 무섭죠?

가장 원시적인 동물이래요

▲ 오리너구리

오리너구리

　포유류 중에서는 바늘 두더지와 함께 가장 원시적인 동물로 오리너구리가 있습니다. 몸길이는 약 30~45cm, 꼬리길이는 10~14cm, 몸무게는 약 1~1.7kg 정도입니다.

　암컷이 수컷보다 몸길이가 짧은데, 꼬리는 길고 편평하며 네 다리는 짧은 편입니다. 발에는 5개의 발톱이 있고 물갈퀴가 발달했는데 앞발의 물갈퀴는 크고 발가락보다 앞쪽에 나와 있어서 걸을 때는 접는답니다. 뒷발의 물갈퀴는 작고 발가락 끝에 매달려 있습니다.

　수컷의 발뒤꿈치에는 며느리발톱과 같은 속이 빈 발톱이 있는데, 이것은 독 샘과 연결되어 있으므로 독액을 분비합니다.

　특히 주둥이는 오리의 주둥이와 모양이 너무도 비슷하며 털이 없고 감각이 예민한 부드러운 피부로 덮여 있습니다.

　이빨은 어릴 때는 있지만 서서히 자라면서 없어지는데, 다 자란 어미에게는 아래위 턱에 2쌍의 잇몸 같은 것이 이빨 역할을 합니다.

주로 이른 아침이나 저녁에 활동하며 가재류, 지렁이류, 수서곤충과 조개류 등을 잡아먹습니다. 주둥이는 촉각이 예민하여 이빨을 이용해서 물밑에 사는 동물을 찾는데, 잡은 먹이는 볼 주머니에 저장하기도 합니다.

하천이나 호, 소 근처에 굴을 파고 살며 그 속에서 암컷은 1.6~1.8cm의 흰색을 띤 2개 정도의 포도알 모양의 알을 7~10월 사이에 산란합니다.

7~10일이면 새끼가 나오는데 부화된 새끼는 어미 배의 주름진 피부에서 스며 나오는 젖을 먹으며 자랍니다.

이렇게 자란 새끼는 약 4개월이 지나면 어미 곁을 떠나는데, 호주의 동부 등지에 분포해 살아갑니다.

어려운 환경을 이겨내는 동물들도 있대요

어려운 환경을 이겨내는…

몇 년 동안 잠을 잔대요

▲ 폐어

폐어

폐어는 3억 년 전에 살던 물고기인데 땅속에서 무려 2~3년 동안이나 여름잠을 잘 수 있다고 합니다. 또한 몸속에 있는 점액을 밖으로 내보내어 땅의 수분을 밖으로 나갈 수 없도록 하는데, 땅속에 있을 때는 하얀 막이 눈을 덮어서 안전하게 잘 수 있답니다.

이 물고기는 허파로 숨을 쉬기도 하고 아가미 호흡도 함께 합니다. 보통은 수중생활을 하지만 물이 마르면 뻘 속으로 들어가 누에고치를 만들고 몸속에 저장된 영양을 조금씩 섭취하며 무려 4년을 견디는 놀라운 생명력을 지니고 있습니다.

폐어는 부레가 폐의 역할을 하는데, 호흡은 45분에 1회 정도이며 새끼일 때는 양서류와 비슷한 몸의 구조를 가집니다.

3억 년 동안 진화하지 않고 있는 특이한 어류로 중앙아프리카에 4종, 남미 아마존에 1종, 오스트레일리아에 1종 등 총 6종이 지구상에 분포하고 있습니다.

뜨거운 물에 살면서 병을 고친대요

▲ 닥터 피시

닥터 피시

　병을 고치는 물고기를 닥터 피시라고 하는데 캉갈 온천에 서식하는 잉어류의 물고기입니다. 세계에서 단 한 군데밖에 살고 있지 않은 이 물고기는 높은 온도의 물속에서 잘 적응된 잉어과 어류이며 입으로 훑거나 쪼면서 먹이를 구합니다. 이들은 환자가 일단 온천물 속에 몸을 담그면 환자에게 몰려오게 됩니다.

　먼저 작은 물고기들이 와서 탐색을 하는데, 환자의 환부에 부딪고 훑기 때문에 피부를 따끔따끔하게 하여 마사지 효과까지 준다고 합니다.

　이 훌륭한 마사지꾼들은 신경과 근육통의 훌륭한 의사가 되는데 아픈 부위를 공격하여 약간의 출혈이 있게 만들며, 출혈 부위를 훑으므로 치료가 되게 합니다.

　야외 온천장에서 온천욕을 할 때 이루어지기 때문에 햇빛도 함께 받게 되므로 치료 효과가 더해진다고 합니다. 또 이렇게 치료가 되는 과정을 직접 눈으로 볼 수 있어서 더욱 빠른 치료 효과를 낳게 됩니다.

물고기들이 왜 사람의 피부를 갉아먹게 되었는지는 확실히 알 수 없지만 그 치료 원리는 다음과 같습니다.

이곳 온천수가 너무 온도가 높아서 먹이가 되는 식물성 플랑크톤이나 동물성 플랑크톤이 절대적으로 부족한 실정인데, 잡식성이면서 돌출된 입을 갖고 있는 물고기들이 특히 피부병이 있는 환자의 환부를 먹이로 얻기 위해 갉아먹게 되고, 이때 피부는 마사지 효과를 보거나 노출된 환부에 이곳의 질 좋은 온천수가 작용하도록 하여 치료 효과를 나타내게 하는 것입니다.

온천에 서식하는 물고기들이 다 성장하면 대략 15~20cm 정도 되는데 이 물고기들은 성장 속도가 매우 빠르다고 합니다.

가장 왕성한 성장기에 있는 2~10cm 크기의 어린 물고기들이 먹이를 얻기 위해 더 적극적으로 환부를 공격하기 때문에 치료에 더 큰 역할을 한다고 합니다.

시바스 캉갈 온천이 모든 피부병에 특효가 있는 것은 아닙니다. 터키에서 살고 있는 피부병 환자들이 시바스 온천욕 치료를 하고 있지만, 모든 환자가 다 치료가 되는 것은 아니라고 합니다.

어떤 피부병 환자는 수년에 걸쳐 매년 몇 차례 시바스 캉갈 온천욕을 했지만, 일시적으로 좋아지는 듯하다가 다시 재발되었다고 합니다.

사막에서 부족한 물을 얻는대요

▲ 딱정벌레

딱정벌레, 낙타, 사막개구리, 가시도마뱀

　곤충이나 뱀은 밤에 밖에서 보냅니다. 그러면 아무리 습도가 적더라도 온도 차이가 심해서 이슬이 맺힙니다. 그래서 딱정벌레는 거꾸로 서서 물이 입으로 흘러들도록 유도해서 먹고, 뱀은 비늘에 맺힌 것을 핥아먹습니다. 그리고 모자라는 것은 생물을 잡아먹고 그 속에 있는 물을 함께 채취합니다.

　거북은 물이 많은 선인장을 먹는데, 선인장은 비가 내리면 커다란 뿌리를 통해서 줄기에 물을 저장합니다. 또한 거북은 비가 오면 물을 있는 대로 마셔서 장에 저장을 하기도 합니다.

　낙타의 경우에는 물이 있는 곳에서 물을 많이 마시고 그것을 등의 혹 속에 응고된 형태로 저장하고 있다가 필요할 때 분해해서 이용합니다.

　개구리는 물과 육지에서 서식하는 동물이라는 뜻에서 양서류의 대표적인 동물이지만, 실제로는 물을 좋아해서 많은 시간을 물에서 생활하며 알도 물에 낳아서 물에서 부화합니다.

그러나 물이 귀한 사막에 사는 개구리가 있어서 과학자들을 의아하게 만들고 있습니다. 이 동물이 바로 호주의 사막지역에 서식하고 있는 '보수개구리'인데 이들이 일반 개구리처럼 생존하기 위해서는 물이 절대적으로 필요하며 알도 물속에 낳고 물속에서 올챙이로 부화해야 합니다.

그럼 어떻게 이들이 몇 년씩 비 한 방울 내리지 않는 사막에서 살아남을 수 있을까요? 길고 건조한 건기가 시작되고 땅이 마르기 시작하면 보수개구리는 땅속 30cm 깊이로 자신의 몸의 두 배정도 크기로 굴을 파고 들어갑니다.

그리고 이 개구리의 이름이 의미하듯이 가능한 최대의 수분을 몸에 저장하기 위해 습한 공기를 코로 몸속에 몰아넣어 공처럼 몸을 부풀린 다음 콧구멍을 막아서 수분 손실을 차단합니다.

안녕하세요? 우리는 사막에 사는 낙타입니다. 물이 필요할 때 마시려고 등에 물을 저장해 두었어요. 아이고, 무겁고 덥다.

가시 도마뱀

　이런 상태로 동면에 들어가게 되는데 동면하는 동안 보수개구리의 맥박과 호흡 등 대사기능은 최저로 낮아져서 에너지를 절약하면서 다음 비가 올 때까지 기다리게 됩니다.
　이들은 때로는 수년간을 동면으로 보내기도 하지만 비가 오기 시작하면 즉각 깨어나 굴 밖으로 나와서 활동하기 시작합니다.
　밖에 나오면 이들은 곧바로 곤충을 잡아먹어 영양분을 축적하고 물이 고인 웅덩이에 알을 낳습니다. 이 알이 올챙이로 부화하면 신속하게 개구리로 변하여 다음 건기를 준비합니다.
　웅덩이가 마르면 다음 비가 내릴 때까지 이 작은 새끼 개구리들도 어미처럼 땅속에 굴을 파고 동면에 들어가게 됩니다. 따라서 보수 개구리는 물고기로부터 진화된 동물이 아니라 사막에 서식하기에 적합하도록 창조된 특수한 개구리라고 할 수 있습니다.

가시도마뱀

　가시도마뱀의 몸길이는 평균 16cm로, 큰 것은 약 19cm까지 자라기도 합니다. 몸과 머리는 납작하고, 온 몸에 가시 같은 돌기가 돌출해 있어서 이상하게 보입니다. 생긴 모습은 무섭게 생겼지만 독은 없습니다.

오스트레일리아의 사막지대와 아카시아 나무가 우거진 숲 주변에 살고 있는데, 이들은 물을 모으기 위한 특이한 신체 구조를 가지고 있어서 물이 없이도 살기 때문에 사막의 초원에 가장 많이 서식하고 있습니다. 주로 개미나 흰개미를 먹는데 개미굴 주변에서 몇 시간이고 앉아서 끈끈한 혀로 개미를 먹는 모습이 종종 눈에 띄기도 합니다.

수컷은 2개의 생식기를 가지고 있는 아주 특이한 동물인데, 각 생식기는 따로 고환이 있어서 독립적으로 사용할 수 있다고 합니다. 둘 중에서 주로 사용하는 생식기는 정해져 있지만 24시간 안에 짝짓기를 한 경우에는 다른 생식기를 이용하여 짝짓기를 합니다.

암컷은 3~10개의 알을 약간 경사진 얕은 땅속에 낳는데, 10~12주가 지나면 부화하여 새끼가 나옵니다.

갓 부화한 새끼도 가시가 많이 나 있으며 몸의 생김새는 머리가 납작하고 돌기가 있어서 피부로 물을 모으기 쉽게 되어 있습니다. 몸 전체에 솟아 있는 돌기를 이용하여 물을 모으는데, 돌기들 사이에는 미세한 구멍이 있어서 모세관 현상을 이용하여 물을 빨아들입니다. 모세관으로 빨아들인 물이 위까지 전달되는 데는 약 13분이 걸린다고 합니다.

이 동물은 매우 느린 편이며, 위협을 받으면 머리를 앞다리 사이로 감추는 습성이 있습니다. 낮에 먹이를 찾고, 밤이 되면 숲 속이나 얕은 땅굴에서 잠을 잡니다.

일생동안 물을 마시지 않는대요

▲ 캥거루 쥐

캥거루 쥐

　미국의 남서부 사막에 사는 캥거루 쥐는 일생 동안 물을 전혀 마시지 않는다고 합니다.

　작은 설치 동물인 캥거루 쥐는 아주 적은 수분을 나무뿌리와 사막의 식물에서 얻으며 살아가는데, 이들은 단지 이것만으로도 살아가는 데 충분하다고 합니다.

　캥거루 쥐라는 이름은 오스트레일리아에서 살고 있는 캥거루처럼 힘센 꼬리와 길고 강한 다리를 가지고 있다는 데서 따왔다고 하는데, 이 동물은 캥거루처럼 껑충껑충 뛰어다닙니다. 특히 높이뛰기를 잘하는데 앞을 막는 선인장이 있으면 그것을 뛰어넘어 목적한 장소에 정확히 뛰어내릴 수 있다고 합니다.

극지방에서 산대요

▲ 북극곰

북극곰, 바다표범, 펭귄, 해표, 고래, 수염고래

여름에도 기온이 0℃ 이상 올라가지 않는, 지구상에서 가장 추운 곳을 극지방이라고 합니다.

북극지방의 대표적 동물은 북극곰인데 이들의 주된 먹이는 바다표범입니다.

북극곰은 바다표범을 잡기 위해 나름대로 꾀를 쓰는데 한 발로는 입을 가리고, 나머지 세 다리로 절룩거리며 걷습니다.

북극곰의 입은 몸 중에서 유일하게 검은데, 주위가 온통 하얀 눈과 얼음으로 덮여 있는 극지방에서는 멀리서도 눈에 잘 띄기 때문에 입을 가립니다.

한편 바다표범의 강한 송곳니는 북극곰에게 대항하는 무기로도 사용되고 짝짓기 철에 암컷을 빼앗기 위한 도구로도 사용됩니다.

이것은 바다 밑바닥이나 암벽에 붙은 조개들을 떼어낼 때 호미처럼 사용하기도 하고 물에서 얼음판 위로 올라올 때 몸을 지탱해 주기도 합니다.

바다 표범

　남극에는 펭귄과 해표와 고래가 살고 있는데 펭귄은 방수가 잘되는 깃털이 여러 겹으로 겹쳐 나 있어서 몸의 열이 밖으로 빠져나가는 것을 막는 동시에 깃털을 세워서 체온을 조절합니다.

　황제 펭귄은 한겨울인 6월경에 알을 낳는데, 다른 펭귄과 달리 둥지가 없으므로 수컷이 두 발을 모아 그 위에 알을 올려놓고 늘어진 아랫배의 체온으로 부화시키는 부성애를 발휘합니다.

　한편 발 대신 지느러미를 지닌 해표는 피부 아래에 두툼한 지방층이 있어서 추위를 견딜 수 있는 천연 가죽 코트 역할을 대신합니다.

　수염고래는 큰 몸집답지 않게 작은 크릴새우를 먹고 사는데, 물을 잔뜩 들이마시고 다시 내뿜을 때 빗처럼 생긴 고래의 수염에 걸려서 빠져나가지 못한 크릴새우를 힘들게 씹을 필요도 없이 꿀꺽 삼켜 버립니다.

펭귄

나무에도 오르고 수영도 한대요

▲ 바실리스크 도마뱀

바실리스크 도마뱀

　바실리스크 도마뱀의 몸길이는 약 25.4cm정도이고 몸무게는 약 85g정도인데 몸에 비해 유달리 긴 뒷다리로 수면 위를 빠르게 뛰므로 물 속에 가라앉지 않는 유일한 동물입니다.

　이 도마뱀이 수면 위를 뒷다리로 차는 반복 운동은 대략 3단계로 나누어 실시되는데, 첫 번째 단계로는 먼저 뒷발로 수면을 잽싸게 차는 것입니다.

　그렇게 되면 물을 걷어찬 뒷다리 주위에 공기의 공동이 생기게 되고 다시 이 공동 주위에 물이 차 들어오기 전에 재빨리 뒷다리를 잡아 뽑는 것입니다.

　이와 같이 바실리스크 도마뱀은 두 뒷다리로 물을 갑자기 차고 재빨리 긁어 대는 일을 반복하므로 물속으로 빠지지 않고 물 위를 달릴 수가 있습니다.

　또 뒷발에 달려 있는 발가락들이 길게 뻗은 상태로 서로 잘 분리

되어 역할을 잘 하므로 발가락에 물갈퀴가 있는 것 같은 효과를 얻어 물 위를 걸을 수가 있는 것입니다.

바실리스크 도마뱀은 물에서 수영도 하고 나무에 오를 수도 있습니다. 크기가 다른 다리와 특이한 발 모양 때문에 물 위에서 짧은 거리를 달릴 수도 있습니다. 또한 냉혈동물이므로 낮에는 햇볕을 쬐면서 시간을 보냅니다. 그러나 이 도마뱀이 몸무게가 150g을 넘게 되면 물 위를 달리는 것은 불가능해집니다.

만약 사람들이 물속에 빠지지 않고 물 위를 걷게 된다면 시속 140km이상을 달려야 하는데, 이는 인간이 달릴 수 있는 최대의 시속을 넘어서는 것이므로 불가능한 일입니다.

어흠, 난 바실리스크 도마뱀이야. 어때? 이만하면 멋지지? 난 수영도 하고 나무에도 이렇게 오를 수 있어. 아힝, 짜릿하고 신난다. 부럽지?

나무에 기어오른대요

▲ 등목어

등목어

　오스트레일리아에서 살고 있는 등목어는 평소에는 물속에서 생활을 하다가 뭍에 올라오면 땅 위를 자유롭게 걸어가는 아주 희귀한 물고기입니다. 등목어는 나무에 올라가는 물고기라는 뜻입니다.

　이 물고기는 물속에서는 다른 물고기들처럼 지느러미로 헤엄도 치고 먹이도 잡아먹고 살다가 일단 땅 위로 올라오면 신기하게도 마치 땅에 사는 동물처럼 걷습니다.

　이 물고기는 아가미 옆에 특별히 발달된 보조호흡 기관이 있어서 공기 호흡도 할 수 있습니다. 또 꼬리와 아가미 뚜껑 아래 쪽 가장자리를 따라 달린 가시를 이용하여 꿈틀꿈틀 걷습니다.

　심지어는 낮게 드리워진 나뭇가지 위로 기어올라서 몇 시간 동안 앉아 있을 수도 있고, 나무에서 찾아낸 곤충을 먹어치우기도 합니다. 그러나 항상 물 밖에서 살 수 있는 것은 아니고, 가끔씩 물 밖으로 나와서 생활하다가 다시 물속으로 들어갑니다.

하늘을 나는 파충류도 있대요

▲ 날다람쥐

날다람쥐, 개구리, 뱀, 도마뱀

보르네오 섬의 밀림에서는 하늘을 나는 여러 가지 동물들을 볼 수 있다고 합니다.

대표적인 동물을 살펴보면 날다람쥐, 개구리, 뱀, 도마뱀 등입니다. 그러나 새처럼 공중을 훨훨 날아오르는 것은 아니고 그들이 먹이를 찾아서 이동할 때나 이 나무에서 저 나무로 가려고 할 때 활공이라는 방법을 택하는 것뿐입니다.

이 지역은 나무가 워낙 크고 많아서 한번 내려갔다가 다시 다른 나무로 올라가는 수고로움을 지혜롭게 극복한 경우입니다.

날다람쥐의 경우에는 앞발과 뒷발 사이에 나 있는 비막이 있습니다. 이 동물이 높은 나무에서 뛰어서 이 비막을 펼치며 날면 마치 새가 날아가는 모습처럼 보입니다. 그러나 일단 나무에 내려앉으면 비막은 몸 양쪽 옆구리에 붙어 있게 되므로 생활하는 데 별 지장은 없습니다.

또 날도마뱀은 가슴에 좌우로 나 있는 날개처럼 발달한 갈비뼈를 최대한으로 펼쳐서 멀리 날아가는데, 개구리도 높은 나무에서 뛰어내리며 앞발과 뒷발가락 사이에 있는 물갈퀴를 최대로 넓게 벌려서 공중에서 머무는 시간을 길게 해서 멀리 날아가려고 합니다. 그리고 뱀의 경우에는 몸 전체를 코브라의 목처럼 피부를 좌우로 잡아당겨서 넓게 만든 다음에 뛰어내리기도 합니다. 이는 공기의 저항을 최대로 이용해서 안전하게 착지할 수 있도록 진화한 방법을 사용하는 것입니다.
　우리나라의 하늘 다람쥐도 같은 방법을 이용해서 이 나무에서 저 나무로 쉽게 이동하며 살아가고 있습니다.

▶ 야호! 나좀 봐주세요. 하늘을 날고 있어요. 난 개구리인데 말이에요. 세상에서 이런 개구리 보셨나요?

환자의 치료에 이용한대요

▲ 거머리

거머리

거머리는 논과 연못 그리고 물살이 빠르지 않은 계곡의 맑은 물 등에 사는데, 머리와 반대편 끝에 빨판을 가지고 있으며 이 빨판을 이용해서 자벌레처럼 이동하며 살아갑니다.

턱이 잘 발달되어 있는 거머리는 어류와 양서류의 피를 빨아먹고 사는데 수분이 충분한 부드러운 흙에 알을 낳습니다.

거머리는 의학용으로 수술할 때 사용되고 있으며 한의학에서는 고혈압과 관련하여 거머리 자체를 이용하는 경우가 있습니다.

일반적으로 타박상을 입으면 피부 조직에 있는 모세혈관과 정맥 주위에서 출혈이 생기고 이 혈액이 뭉쳐져서 멍이 되는데 거머리가 이 멍든 부분의 굳은 피를 빨면 부분적으로 나을 수도 있습니다. 실제로 현재 의학계에서 사고로 잘린 손가락, 귀 등을 접합할 때 거머리의 특성이 이용되고 있습니다.

다른 어류의 피를 먹고 산대요

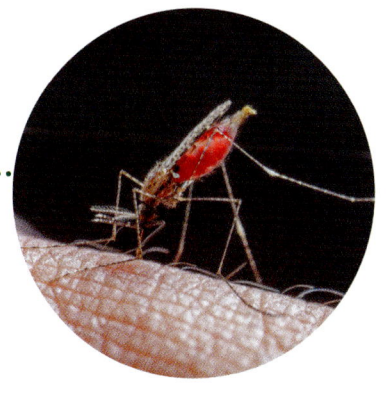

▲ 모기

칠성장어, 박쥐, 모기, 벼룩, 진드기, 빈대, 이

칠성장어는 뱀장어와 비슷하지만 더 자세히 살펴보면 턱뼈가 없는 대신 입은 둥근 빨판 모양으로 되어 있으며 각질로 된 날카로운 이를 가지고 있는 것이 특징입니다.

눈 뒤쪽에 6~14쌍의 아가미구멍이 있어서 이곳으로 숨을 쉽니다. 뼈 조직은 물렁뼈로 되어 있으며 머리 모양도 불완전한데 뱀장어와 달리 가슴지느러미와 배지느러미가 없습니다.

칠성장어는 대부분 바다에 살지만 민물에 사는 것도 있는데, 바다에 사는 칠성장어도 알을 낳을 때가 되면 강으로 올라가서 삽니다.

한편 일생을 민물에서만 살고 있는 것도 있는데 칠성장어는 입으로 빠는 힘이 강해서 다른 어류에 달라붙어 날카로운 이로 피부에 상처를 낸 뒤 피를 빨아먹습니다.

칠성장어에는 비타민A가 풍부하여 예로부터 야맹증의 특효약으로 이용되어 왔습니다.

미국의 오대호 지방에 살고 있는 어민들은 칠성장어가 피해를 주는 재수가 없는 물고기라고 해서 매우 싫어한다고 합니다.

운하 개통으로 오대호로 밀려들어 온 칠성장어들이 호수에 사는 많은 물고기들의 피를 닥치는 대로 빨아먹는 바람에 어족 자원이 송두리째 없어져 버리고 말았기 때문입니다.

박쥐

박쥐들은 면도날처럼 날카로운 이로 동물들의 목이나 귀의 연한 부분에 상처를 내서 피를 빨아먹고 살아갑니다.

▲ 박쥐

박쥐의 돼지 코처럼 생긴 코 주변에는 온도를 감지할 수 있는 기관이 있어서 가축의 혈관을 찾는 데에 매우 세밀한 기능을 가지고 있기도 합니다.

전 세계에 1천 종이 넘는 박쥐가 있지만 만년설이 쌓인 남극이나 북극을 빼고는 세계 어느 곳에나 널리 분포해 있습니다.

우리나라에는 약 22종의 박쥐가 살고 있다고 하는데, 아직까지 흡혈 박쥐는 찾아내지 못했습니다.

박쥐는 새 종류나 쥐 종류와는 전혀 다른 새로운 종류의 짐승으로, 새처럼 날아다니는 유일한 포유류입니다.

박쥐의 수명은 15년 정도이며, 동굴이나 폐광 또는 숲속이나 집 근처의 어둑한 곳 등 다양한 곳에서 살아갑니다. 주로 밤에만 활동하기 때문에 우리의 눈에 잘 띄지 않지요.

긴 가락 박쥐는 서로 몸을 촘촘히 밀착시켜 큰 무리를 이루고 살고 있는데 대략 한 무리의 숫자는 몇천 마리에서 몇만 마리까지 이르며 깊은 동굴에서는 3~4종류의 박쥐가 함께 살기도 합니다.

세계에서 제일 많이 살고 있는 곳은 미국의 뉴멕시코 주에 있는 한 동굴로, 큰 귀 박쥐가 2천만 마리나 군집해 있다고 합니다.

이렇게 함께 모여 사는 까닭은 천적으로부터 희생을 최소한으로 줄일 수 있어서이고, 체온을 유지하는 데 유리하기 때문입니다.

따로따로 떨어져서 매달려 있는 관 박쥐는 큰 날개로 우산처럼 몸을 감싸서 체온을 유지합니다.

세계에서 가장 먼 거리를 이동하는 박쥐는 큰 귀 박쥐로, 가을에 미국의 오클라호마에서 멕시코 중부까지 1300km를 이동합니다.

박쥐의 눈은 색깔을 감지하는 시각 세포는 거의 퇴화되어 있어서 명암만을 겨우 구분해낼 수 있다고 합니다.

모기

모기는 동물의 피가 아닌 식물의 수액이나 과즙 또는 이슬을 먹고

암컷 모기

삽니다. 그러나 수컷과 짝짓기를 끝낸 암 모기는 알을 정상적으로 키우기 위해서 동물들의 피를 빨아먹게 됩니다.

 암 모기는 동물의 피부에 닿아 깔때기같이 생긴 입을 대고 타액을 분비하면 동물의 피부를 쉽게 뚫고 들어가는데, 동물의 피는 압력 차에 의해 자연스럽게 모기의 입으로 흘러 들어갑니다. 자기가 필요한 양을 빨고 떠나면 모기의 침이 동물의 몸속으로 들어가서 알레르기를 일으켜 가렵거나 부풀게 됩니다.

 모기는 진한 색깔을 좋아하는 편이고, 특별한 성능을 가지고 있는 후각기관은 예민하게 작용을 합니다. 그러므로 적은 양의 이산화탄소 성분도 정밀하게 알아낼 수 있는 능력이 있어서 동물들이 숨을 쉴 때 나오는 이산화탄소의 성분을 20m 밖에서도 알아차리고 공격을 합니다.

 또한 냄새를 잘 맡는 능력이 있는데, 특히 땀 냄새와 발 냄새, 또는 아미노산과 향수 등의 냄새를 좋아합니다. 그리고 온도의 변화를 잘 알아차리는 능력이 있어서 동물들의 몸에서 나오는 열을 10~20m 거리에서도 정확하게 찾아내어 공격합니다.

 암컷 모기는 1~2회 동물의 피를 빨아먹은 후에는 4~7일 만에 알을 낳기 시작합니다. 따라서 암컷이 동물의 피를 빨아먹는 이유는 결국 살아가기 위한 것이 아니라 알을 낳기 위한 것입니다.

 모기의 암수 구별 방법은 더듬이 전체에 긴 털이 많이 난 것이 수컷이고, 더듬이 마디에 몇 개의 털이 돌려 난 것이 암컷입니다.

모기는 한 번에 300~500개의 알을 웅덩이 같은 고인 물에 낳는데, 부화하여 나온 애벌레를 장구벌레라고 합니다.

장구벌레는 성장하면서 약 7일에 4번의 탈피를 하고 번데기가 되는데, 번데기는 2~4일 만에 성충인 모기가 되어 2주 정도를 삽니다.

벼룩

벼룩은 세계적으로 2천여 종으로 파악되고 있는데 모두가 다른 동물의 몸에 붙어서 살고 있지만 그중 포유류의 몸에 붙어서 살아가는 것이 전체의 95%를 차지하고 그 외는 새들의 몸에 붙어서 살아갑니다.

▲ 벼룩의 크기는 2~4mm로 우리 눈에 거의 보이지 않을 정도로 작답니다.

벼룩의 납작하며 빛깔은 다갈색이나 흑갈색이 많고, 날개가 없는 것은 동물의 몸에 붙어서 살기에 적합하게 진화된 것이 특징의 하나입니다.

눈은 홑눈 모양의 간단한 구조인데, 야간에 활동하는 동물이지만 어두운 곳에 사는 동물들의 몸에 붙어서 살아가는 벼룩에게는 눈이 완전히 없어져 버린 것도 있습니다.

입은 피를 빨기 좋은 방법으로 적합한 구조를 가지고 있으며 자기 몸의 수십 배를 뛰어오를 수 있는데, 바로 근육이 잘 발달된 강한 힘을 가지고 있는 뒷다리가 있기 때문입니다. 그 뒷다리의 근육 속에는 레질린이라는 단백질의 일종이 포함되어 있는데 최근에 이 단백질이 강력한 힘을 내는 원인이라고 연구 결과 밝혀지고 있습니다.

모든 암컷은 수컷보다 몸집이 큰 것이 특징인데, 많은 양의 피를 빨고 알이 커진 암컷의 크기는 수컷의 몇 배에 달하기도 합니다.

벼룩이 동물의 피를 빨 때는 머리를 거의 수직으로 몸 표면에 가까이 붙이고 작은 턱의 일부를 동물의 피부 속으로 집어넣습니다.

벼룩의 알은 광택이 있는 흰색의 타원형인데 1회에 약 10개 정도로, 3개월에 걸쳐 계속해서 400개 이상을 낳습니다.

제비와 같은 철새의 둥지에 기생하는 벼룩은 제비가 없는 동안 번데기로 지내면서 기다리다가 제비가 돌아오기만 하면 일제히 깨어나서 피를 빨아먹습니다.

벼룩의 수명은 적당한 온도에서 300~500일 정도인데, 어른 벼룩이 배의 끝에 있는 감각 판으로 공기의 진동을 느끼게 되면 머리를 동물이 오는 방향으로 향하게 되기 때문에 다른 동물의 접근을 알게 됩니다. 이때 머리에 있는 다른 감각 기관으로 동물들이 숨을 쉴 때 나오는 이산화탄소를 확인하고는 접근한 동물의 체취만 맡고도 자기가 기생하고 있던 동물인지 아닌지 구별할 정도로 예민하다고 합니다.

벼룩이 전파하는 페스트균은 쥐들의 전염병인데, 병든 짐승에게서 빨아들인 피 속에 섞여 있다가 사람에게 전해집니다.

발진열도 원래 쥐의 병으로 벼룩에 의해 사람에게 전해진 질환인데, 이가 매개하는 발진티푸스와 비슷한 증상으로 위험성은 비교적 적습니다.

진드기

진드기의 크기는 최소 0.2mm부터 피를 빨아먹은 뒤 2.5cm까지 되는 것도 있지만 대부분은 0.4~1mm정도입니다.

몸은 머리, 가슴, 배가 붙어서 한 덩어리로 되어 있으며 거미처럼 머리, 가슴 부분과 배 사이가 잘록하지 않고, 다리는 대부분 4쌍이지만 애벌레는 3쌍으로 되어 있습니다.

입은 맞물리는 가위 모양인데 동물의 몸에 붙어서 사는 진드기는 가느다란 바늘 모양으로 변했습니다.

눈은 없는 것이 대부분이고 몸통에 1쌍 또는 2쌍을 가진 것도 있으며 몸통이나 다리에 많은 털이 나 있어서 감각을 알아차리는 역할을 합니다. 또한 사람이나 동물의 피를 빠는 것 외에도 다른 곤충류와 마찬가지로 다양한 생활을 합니다.

진드기가 살고 있는 곳을 살펴보면 지표나 땅속에서 뿔 진드기, 털 진드기, 기생 진드기 등이 낙엽이나 다른 벌레들을 먹고 사는데 나무 위에는 잎의 즙을 빨아먹는 응애류가 있고 이 응애는 거미처럼 실을 뽑아 공중 여행도 합니다.

포유류나 조류의 몸에 붙어서 사는 진드기도 있고 곤충류나 거미류에 기생하는 보석 진드기나 털 진드기 등이 있습니다.

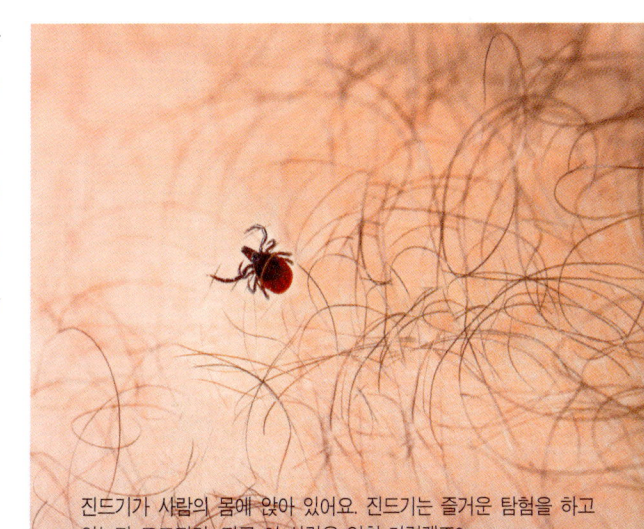

진드기가 사람의 몸에 앉아 있어요. 진드기는 즐거운 탐험을 하고 있는지 모르지만 지금 이 사람은 엄청 가렵겠죠?

이들 진드기들은 식성도 다양해서 부식질이나 균류를 먹는 것과 식물의 즙을 빨아먹는 것, 알뿌리를 먹는 것, 다른 벌레를 잡아먹는 것, 대형 동물의 몸에 붙어서 피를 빨아먹는 것 등이 있습니다.

알에서 성충이 되기까지의 기간은 종류와 조건에 따라 크게 다르지만 2주부터 수개월인 것이 많습니다.

진드기의 종류는 전 세계에 2만5천 종 가량 있는데, 실제로는 이보다 더 많은 종류가 살고 있을 것으로 추정됩니다.

진드기의 생활이 여러 가지인 것만큼 사람과의 관계도 여러 가지인데 진드기는 해로운 것과 해가 없는 것, 또는 유익한 것 등 3가지로 분류할 수 있습니다.

유익한 진드기는 나무 위에서 살고 있는데 긴 마름모 진드기는 나무에 기생하는 응애류 등을 없애 주는 역할을 합니다. 또한 토양에 서식하는 종류는 낙엽 등의 부식질을 분해하기도 하는 다양한 역할을 하며 자연계에 물질 순환 구실을 담당하고 있습니다. 그러므로 진드기가 모두 해로운 것만은 아니라는 것을 알 수 있습니다.

빈대

어른 빈대의 몸길이는 2mm 내외로, 진한 붉은 갈색을 띠고 있는데 부화기간은 평균 9~10일 정도

빈대

이

이고 어른벌레가 되기까지는 6~8주 정도 걸립니다.

일생을 통해 100여 개의 알을 낳는 빈대는 낮에는 가구나 침실 벽의 틈, 그리고 벽지 틈에 끼어들어 숨어 있다가 밤만 되면 활동하는 야행성 동물로 이른 새벽에 더 활발하게 활동합니다.

빈대가 피를 빨고 난 부위에는 심한 가려움으로 2차 피부 감염이 생기기도 하는데 이들이 사는 곳에는 특유의 불쾌한 냄새가 나므로 쉽게 알 수가 있습니다.

예로부터 빈대는 사람과 밀접한 관계가 있는데 사람들의 피를 빨기 때문에 여러 가지 질병을 전파하는 것으로 알려져 왔습니다. 그러나 수십 년 동안 전염병을 옮기는 것을 증명하기 위해 많은 학자들이 실험을 했지만 자연계에서 어떤 질병도 옮긴다는 증거는 아직 없다고 합니다.

이

사람에게 붙어서 살아가는 이는 몸 이와 머릿니의 두 종으로 분류되지만 뚜렷한 차이를 찾기는 어렵습니다. 일반적으로 몸 이는 크기가 3~4mm로 머릿니의 2~3mm보다 약간 큰 편입니다.

불완전 변태를 하며 알은 7~8일 후에 부화하는데, 23도 이하나 38도 이상인 조건에서는 알이 부화하지 못한다고 합니다.

암컷은 매일 7~10개씩 계속해서 알을 낳으며, 일생 동안 약 200~300개 정도를 낳습니다. 알의 색깔은 황백색으로 타원형이며 크기는 0.8mm 정도입니다.

어른 이의 수명은 30일 정도인데 이가 사는 최적의 온도는 섭씨 30도 내외로 환경의 보호를 다른 곤충에 비해 잘 받으므로 발육기간도 거의 일정합니다. 그러나 기온의 변화에 매우 민감하여 3~4도만 상승해도 살아가지 못합니다.

이는 죽을 때까지 동물의 몸에 붙어서 사는데, 머릿니는 머리털에만 있고 몸 이는 옷 속에 붙어서 살아갑니다.

몸 이는 남성에게 더 높은 비율로 기생하며 특히 노년층에게 많은 데 비해 머릿니는 여성에게 많고 젊은 층에 더 많이 살고 있는 것으로 집계되고 있습니다.

몸 이는 1일 평균 2회 정도 피를 빨고, 머릿니는 거의 2시간 간격으로 자주 피를 빨아먹는데 24시간 정도 굶으면 죽어 버립니다.

몸 이는 옷을 50도에서 1시간 정도 처리하거나 영하 20도에서 4시간 처리하면 죽일 수 있으며 드라이클리닝이나 끓는 물로 세탁해도 거의 완전하게 죽일 수 있습니다.

동물들만의
특이한 생활이 있대요

동물들만의 특이한…

다리에 나 있는 털이 하는 일은 무엇일까요?

포유동물은 귀에 있는 작은 털들의 도움으로 소리를 듣게 되는데, 이 작은 털들이 소리의 미묘한 진동을 느껴서 이것을 뇌에 전달하면 뇌가 이 소리의 정체를 파악하게 됩니다.

거미는 귀가 없는 대신 다리에 나 있는 아주 작은 털들로 소리를 듣게 되는데, 소리 때문에 생기는 공기의 움직임을 느끼고 그 소리가 어디서 생겨난 것인지를 알게 됩니다.

또한 거미는 다리에 나 있는 민감한 털을 이용하여 냄새도 맡을 수 있는데, 다리에 있는 털로 화학 물질에 민감하게 반응하고 먹을 수 있는 것인지를 확인하는 것으로 알려져 있습니다.

이밖에도 거미의 다리는 다양한 기능을 가지고 있는데, 7개의 작은 마디로 이루어져 있어서 기어 올라가는 거미들을 쉽게 볼 수 있습니다. 하지만 깡충 거미 같은 것은 수직으로 오르지 못하는데 그 이유는 거미의 종류에 따라서 다리의 구조가 다르기 때문입니다.

모든 털은 얇은 물의 표면에 달라붙을 수 있는데, 물에 대한 이런 점착성이 부드러운 표면 위를 걷거나 기어 올라갈 수 있는 비결입니다.

둥근 그물을 치는 거미들은 다리 끝 마디에 발톱을 가지고 있어서 부드러운 표면 위를 기어오르지 못합니다. 그러나 이런 발톱 덕분에 거미는 거미줄에 잘 매달릴 수 있습니다.

거미들은 가운데 발톱으로 거미줄을 잡고, 톱니 모양을 한 다른 2

아이고, 재미있어라~. 줄을 만들어내고 있는 것 보이죠?
내 몸에서 줄이 자꾸 나와서 예쁜 거미줄이 완성되는 거랍니다.

개의 발톱으로 거미줄을 자기 몸에서 끌어내어 줄을 칩니다.

줄을 풀기 위해서는 발톱을 들어 올리고 억센 털로 줄을 밀어 올려야 하는데, 거미줄은 탄성이 강하기 때문에 발톱에서 줄이 빠져나가는 원인이 되기도 합니다.

거미는 다리에 혈액 압이 높아지면 다리를 펴게 되고, 혈액을 빼어 압력을 낮추면 다리를 접을 수 있게 됩니다.

메뚜기가 뛰어오르는 원리는 수압 작용에 의한 것이 아니라 다리에 붙어 있는 많은 단단한 근육 때문인데, 깡충 거미는 이런 특별한 근육이 없이도 자신의 몸길이보다 25배 이상 뛰어오를 수 있습니다. 이는 수압 작용 때문입니다.

공중을 나는 물고기의 비밀은 무엇일까요?

날치가 날고 있는 모습을 보면 가슴에 있는 큰 가슴지느러미를 이용해서 날고 있는 것으로 생각하기 쉽지만, 사실은 물위로 날아오르려고 물속에서부터 빠른 속도로 헤엄을 치면서 달려오는 것입니다. 그런데 물속에서 공중으로 뛰어 오르려는 날치의 몸에는 보통 물고기와는 다른 부분이 여러 개 있습니다.

그중에서 제일 중요한 것은 꼬리지느러미가 2개로 분리된 상태에

안녕하세요? 저는 날치라고 하는데요. 제가 지금 날고 있을까요? 아니면 날고 있는 것처럼 보이는 걸까요? 알아맞춰 보세요.

서 아랫부분이 다른 물고기와 달리 길게 나와 있다는 것입니다.

보통 물고기의 꼬리지느러미는 위아래가 같은데, 상어는 위쪽이 길고 날치는 아래쪽이 깁니다. 이렇게 아래가 긴 것은 날치밖에 없습니다.

날치는 물속에서 공중으로 뛰어 오를 때 몸 전체로 속도를 내기 위해 가슴지느러미와 배지느러미를 몸에 바싹 붙이고 꼬리지느러미로만 헤엄을 칩니다. 그리고 나서 공중으로 몸이 나올 때까지 긴 꼬리지느러미로만 속도를 유지하고는 물 밖으로 몸이 나옵니다. 이 때 날아가는 것같이 보이지만 사실은 나는 것이 아니고 물속에서 점프를 해서 뛰어 오르는 것입니다.

그럼 무엇 때문에 날치는 공중을 나는 것같이 보일까요? 그 이유에 대해서는 별 뚜렷한 근거가 없이 생리적으로 난다는 주장도 있고, 다른 큰 고기나 돌고래의 추격에 위험을 느껴서 난다는 주장도 있습니다.

날치가 공중에 뛰어 오르는 거리는 보통 8~10m정도인데 지금까지 최고 기록은 42초로 약 40m나 된다고 합니다.

작은 날치가 떼를 지어서 날고 있는 것을 보면, 마치 잠자리가 떼를 지어서 수면을 날고 있는 것처럼 매우 보기가 좋습니다.

날치의 산란은 봄에서 여름에 걸쳐 따뜻한 바닷물에서 행해지는데 날치의 알은 한 마리가 2천~1만 개 정도를 낳는다고 합니다.

이 알은 20cm되는 긴 실에 붙어 있는데 이와 같은 모양은 특별한 것으로 송사리와 학꽁치의 알에서도 볼 수 있는 것으로 알을 보호하는 역할을 합니다.

산호초 부근에서 도망치는 날치 떼는 엔진 소리 때문에 놀랐기 때문이며, 밤에 조명을 켠 선박의 갑판에 죽은 날치가 있는 것은 빛을 보고 뛰어올랐기 때문으로 보입니다.

지진이 일어나기 전에 동물은 무엇을 느낄까요?

일본에서는 지진이 일어나기 전에 동물이 이상한 행동을 보인 적이 있다고 합니다.

30여 년 전에 일본에서는 지진이 일어나기 전에 동물들이 이상 행동을 했다는 보고가 있었습니다. 즉 땅속에서 생활하는 쥐들이 보이지 않았고 개와 고양이가 심하게 소란을 피우며 까마귀가 크게 울어대는 등 포유류나 조류에 대한 보고가 많았다고 합니다. 그들은 짧게는 지진이 발생하기 수 시간 전에서 길게는 수 일 전에 이상 행동을 보인다고 합니다.

그럼 이상 행동을 하는 동물들은 무엇을 느낀 것일까요? 지진의 미리 나타나는 현상은 동물의 이상 행동뿐만 아니라 지하수의 수위나 지형의 변화, 땅울림, 발광현상 등 여러 가지가 있습니다.

큰 지진에 앞서 당연히 지하에 막대한 에너지가 축적되어 있으므로 그 결과로 사람이 느끼지 못하는 미세한 진동이나 중력의 변화 등을 동물들이 민감하게 느껴서 가지각색의 행동을 보이는 것은 어찌 보면 당연한 일일 것입니다.

▲ 까마귀

동물들의 이상한 행동이 과연 지진 예측에 도움이 될까요?

희귀한 물고기가 잡혔고 까마귀가 크게 울었다고 해서 반드시 지진이 일어나는 것은 아닙니다. 그렇다고 동물의 이상 행동에 주목하는 것이 아주 의미가 없다는 뜻은 아닙니다. 직접 지진과 결부시키기에는 아직 관련 여부가 불확실하다는 말입니다.

동물이 느끼는 약간의 이상을 계기로 그 원인을 정확하게 파악하고자 하는 것이 현재의 지진 예측 방법입니다.

일본에서는 기상청을 비롯한 여러 관계기관이 합동으로 지진 예보 체제를 만들고 있습니다.

지진 관측 이외에 지질이나 해저지형의 조사, 지하수 성분, 지각 변동, 지자기, 지전류, 중력의 관측 등 각종 조사를 실시 연구하고 있습니다. 다만 안타깝게도 지진 예지는 아직 연구단계로, 발생 연월일의 정확한 예측은 할 수 없습니다.

1999년 9월 21일 강도 7.7의 대지진이 대만을 강타하여 2천 명 이상이 죽고 1만여 명이 부상을 입은 대사건이 있었습니다.

그런데 진원지 근처에 있던 동물들은 지진을 예측했는지 그 지역

빨리 도망가야겠어요. 지진이 일어날 것 같아요.

우리도 바빠졌답니다. 지진이 일어나다니 으아~ 무서워라.

비가 올 것 같아서 우리는 한 줄로 조용히 이사를 가고 있답니다.

을 미리 벗어나 재앙을 면했다고 합니다. 즉 곰이나 사슴 같은 큰 동물들이 맨 먼저 그 지역을 벗어났고 거북이는 연못을 떠났다고 합니다. 또 개들은 지진이 발생하기 5분 전에 땅을 보고 맹렬히 짖어댔다고 합니다.

  미국의 LA 지진이나 일본의 고베 지진 때도 비슷한 광경이 목격되었다고 합니다.

  이런 사실들 때문인지 중국이나 미국, 일본 등 지진이 자주 발생하는 나라들은 동물들의 움직임을 관찰하는 것을 지진 예측의 중요한 방법으로 이용하고 있습니다.

  어떤 동물들은 사람이 만든 최첨단 장비를 가지고도 관측할 수 없는 미세한 자극에 반응을 하는 것으로 알려져 있습니다. 그러나 한 가지 분명한 것은 이런 동물들이 점쟁이처럼 사태를 미리 예견하는 것은 아니고, 동물이 사람보다 훨씬 뛰어난 감각을 갖고 있어서 자연의 작은 변화를 감지하고 이에 반응하는 것일 뿐입니다.

▲ 염소

비 소식을 전하는 동물에는 어떤 것이 있을까요?

우리는 달무리나 햇무리가 나타나면 비가 오고, 밤하늘에 별이 총총하고 하늘이 높아 보이면 날씨가 맑겠구나 생각합니다.

사람들은 예로부터 지렁이가 땅 위로 올라오면 비가 내릴 것이라고 생각하고, 겨울에 눈이나 우박이 많이 내리면 그 해 여름에 비가 많이 내려서 농사가 잘 될 것이라고 믿어 왔습니다.

우리 조상들 역시 자연현상의 변화와 동물의 행동 변화를 보면서 내일의 날씨나 한 해 농사를 오랫동안 예측해 왔습니다.

아직 날씨가 흐리지 않아도 청개구리가 울거나 제비가 낮게 나는 것을 보면 비가 올 것이라고 예측했고 물고기가 물 위에 입을 내놓고 호흡하면 비가 올 것이라고 믿었습니다.

특히 농사에 관심이 많았던 조상들은 비와 관련된 많은 일기예보를 동물들의 움직임에서 찾아내려고 했습니다.

예를 들어 개미가 줄을 지어 이사를 가고 두더지들이 한꺼번에 땅을 파거나 두꺼비 수가 늘어나면 비가 올 것으로 믿었습니다.

다시 말하면 청개구리가 울면 비가 온다는 속담이 동화 속의 이야기만이 아니라 통계적으로도 청개구리의 울음소리가 난 후 약 30시간 이내에 비가 올 확률이 60~70퍼센트나 된다고 하니 흘려들을 말만은 아닌 것 같습니다. 그 정확한 이유는 아직 밝혀진 적이 없지만

와~ 비가 오려는지 모기들이 아주 많아졌어요. 신난다!

기압이 낮아지고 습기가 많아지면 청개구리들은 호흡에 지장을 받아 심하게 울 것으로 예측할 뿐입니다.

또 제비가 땅 위를 낮게 날면 비가 온다는 속담 역시 기상학적으로 충분히 설명할 수 있습니다. 즉 모기 같은 곤충은 날씨가 습하면 비가 올 것을 예감하고 땅바닥 가까이 내려가서 비에 젖지 않기 위해 숨을 장소를 찾아서 날곤 하는데 이때 제비는 이를 알고 먹이를 구하기 위해 지면 가까이 나는 것입니다. 경험에 의하여 만들어진 생활의 지혜가 과학적으로 입증된 것입니다.

한편 동물의 움직임을 통해 일기를 점쳤던 것은 서양에서도 마찬가지였습니다. 서양 속담에 양들이 날뛰며 서로 싸우고 장난치면 계절이 바뀔 징조라고 했으며, 소나 돼지가 밤에 깔짚 속에 들어가지 않고 깔짚 위에서 자면 화창한 날씨가 계속될 것이라고 했습니다.

염소가 귀를 늘어뜨리거나 나무나 벽에 마구 비비면 비가 올 징후라고 했고, 고양이들이 움직이지 않고 계속 집안에만 있으면 비나 폭풍이 불 것이라고 했습니다.

또 날씨가 나쁜 동안에도 올빼미가 소리 내어 울면 좋은 날씨가 가까워졌다는 것을 기대했는데, 이런 예측들은 과학적 추측이라기보다는 오랜 경험을 통해 만들어졌고, 또 그런 예측들이 신뢰할 만했기 때문에 계속 이어져 오게 되었습니다.

뒤쥐

동물들이 잠을 자는 방법에는 어떤 것이 있을까요?

박쥐는 안전한 동굴에서 하루에 20시간씩 잠을 잡니다. 또 박쥐와 비슷한 몸집을 가지고 있는 뾰족 뒤쥐는 안전한 서식처가 없기 때문에 거의 잠을 자지 않고 쉴 새 없이 먹이를 찾아 돌아다닙니다.

아시아 등지에서 살고 있는 마카쿠 원숭이는 몸이 날래고 체중이 가벼워서 포식 동물들이 접근할 수 없는 높고 작은 나뭇가지에서 잠을 자는데, 얕은 잠과 깊은 잠을 번갈아 자서 인간의 수면과 거의 같은 작용을 합니다.

반면에 아프리카 산 개코 원숭이는 마카쿠 원숭이보다 크고 강하지만 간단하게 잠을 자며 깊은 잠은 자지 못하는 실정입니다. 그 이유는 이 개코 원숭이의 적인 표범이 나무를 잘 타는 데다가 밤에 활동하기 때문입니다. 이들이 주로 사는 나무는 잎이 적어서 적의 눈에 쉽게 띄기 때문이기도 합니다.

이렇게 보면 같은 포유류라도 자신이 사는 환경에 따라 아주 다른 방식으로 잠을 잔다는 사실을 알 수 있습니다.

그런 좋은 예가 파키스탄의 인더스 강 어귀 흙탕물에 사는 인더스 돌고래에서 찾을 수 있습니다.

이들은 끊임없이 헤엄쳐 다니는데 강의 흐름이 사나운 데다가 장

마카쿠 원숭이

마 때는 많은 장애물들이 떠내려 오기 때문에 오랜 시간 잠을 자다가는 부상을 당하거나 자칫하면 목숨을 잃을 수도 있기 때문입니다. 따라서 이 돌고래들은 강물에 휩쓸려 내려가지 않기 위해 한 번에 4~60초씩 선잠을 자는데, 하루에 7시간쯤 잔다고 합니다.

또 다른 독특한 방식으로 잠을 자는 동물이 주먹코 돌고래와 참 돌고래인데, 이 돌고래들은 교대로 잠을 잔다고 합니다. 오른쪽 뇌가 잠을 잘 때는 왼쪽 뇌가 깨어 있고, 왼쪽 뇌가 잠을 잘 때는 오른쪽 뇌가 깨어 있다는 사실입니다. 그러므로 한쪽 뇌는 항상 깨어 있어서 경계 상태에 있을 수 있습니다.

동물들도 꿈을 꿀까요?

파충류나 조류는 깊은 잠을 거의 자지 않기 때문에 악어는 아마도 꿈을 꾸지 않는다고 추측할 수 있습니다.

그럼 사람처럼 깊은 잠을 자는 동물들은 꿈을 꿀까요?

우리가 기르는 개나 고양이 같은 동물들은 모두 깊은 잠을 자는데 이들도 과연 꿈을 꿀까요?

깊은 잠을 자는 동물들이 사람처럼 꿈을

주먹코 돌고래

꾼다는 연구 결과는 여러 곳에서 발표되고 있습니다.

깊은 잠을 자는 특징은 뇌의 활동은 활발하면서도 신체의 근육은 거의 마비 상태에 가까울 정도로 축 늘어져 있다는 것입니다. 그 이유는 잠을 자면서 눈을 감은 채로 꿈 내용을 신체가 그대로 실행에 옮기지 않도록 하기 위해서입니다.

깊은 잠을 자는 동안에 신체를 움직이지 못하도록 명령을 내리는 신경이 손상된 사람은 자면서도 자기가 지금 꿈을 꾸고 있는 내용을 실행에 옮기는 바람에 엉뚱한 사고가 일어납니다. 이런 사람들을 몽유병 환자라고 하는데 이들은 꿈을 꾸면서 자기가 실행에 옮긴 일을 잠을 깨고 나면 전혀 알지 못합니다.

사람의 경우와 비슷하게 고양이에게서 그런 신경 회로를 손상시키면 잠자던 고양이가 일어나서 보이지도 않는 적을 공격하기도 하고, 있지도 않은 쥐를 다루는 것처럼 하며 놀거나 펄쩍 뛰어오르기도 하는 행동을 보이게 됩니다. 이런 결과를 보면 고양이도 꿈을 꾼다고 할 수 있을 것입니다.

동물들의 여름잠과 겨울잠의 비밀은 무엇일까요?

작은 동물들은 큰 동물들보다 몸무게에 비해 신체 표면적이 넓어서 열을 더 쉽게 빼앗기기 때문에 그만큼 더 많은 열을 생산하기 위해서는 몸 안의 활동을 더 활발하게 해야 합니다.

따라서 그만큼 더 많은 에너지를 필요로 하게 되고, 그러기 위해

마못

서는 더 많은 양의 먹이를 먹어야 하거나 아니면 에너지 소모를 줄이는 방법을 찾아내야만 합니다. 그 에너지를 아끼는 특수한 방법이 곧 잠을 많이 자는 것입니다.

그런데 잠을 자는 방법에도 피그미와 생쥐 또는 벌새 같은 작은 포유류와 조류들은 얕은 잠을 잡니다.

얕은 잠을 자는 상태에서는 체온이 매일 규칙적으로 37℃에서 심지어는 0℃ 가까이까지 떨어지며 몸 안의 활동도 평소의 2% 수준까지 떨어지게 됩니다.

따라서 이런 상태에서는 평소에 필요한 칼로리의 50분의 1만 있어도 생명을 유지할 수가 있는데, 이런 얕은 잠을 자는 상태는 덥고 건조한 여름철에 나타나며 그런 경우를 여름잠이라고 합니다.

다음으로는 깊은 잠을 자는 상태인데 이는 얕은 잠을 자는 상태보다 더 오랫동안 지속됩니다.

마못 같은 동물들이 겨울잠을 자는 과정을 보면 처음에는 체온이 37℃에서 25℃로 떨어지며 얕은 잠이 줄어듭니다.

그런데 체온이 25℃ 이하로 떨어지면 뇌파가 더 이상 기록할 수 없을 만큼 감소해서 잠을 자는 것인지 의심을 하게 됩니다. 그러나 깊은 겨울잠을 자는 상태에서도 뇌는 완전히 활동을 정지한 것은 결코 아닙니다.

왜냐하면 뇌는 규칙적으로 활동을 하면서 겨울잠을 자는 동안에 자연적

벌새

우리는 바다코끼리랍니다. 잠자는 동안에 숨을 쉬지 않기로 유명하지요. 잠을 자고 있는 지금 여기는 아주 조용하답니다.

으로 몸의 균형을 조절하기 때문입니다. 그렇기 때문에 겨울잠을 자던 동물도 봄이 되면 깨어날 수 있는 것입니다.

뇌의 활동에 의해 체온이 조절된다는 이 점이 바로 포유류나 조류가 곤충과 다른 점입니다.

곤충들은 자신의 체온을 조절할 수 없어서 체온이 내려가면 전혀 움직일 수 없는 상태로 들어갔다가 외부의 온도가 올라가면 다시 활동 상태로 돌아올 수가 있습니다.

특이하게도 겨울잠을 자지는 않지만 에너지를 보존하는 잠의 기능을 최대한으로 활용하는 동물이 바다코끼리입니다.

이들이 잠자는 동안의 몸의 활동은 너무 낮아서 숨을 쉴 필요조차도 없어집니다. 따라서 바다코끼리들은 수면 도중에는 전혀 숨을 쉬지 않는 수면성 무호흡증을 보입니다.

이런 수면성 무호흡증이 다른 동물들에게 나타나게 되면 질병으로 취급되지만 바다코끼리에게는 지극히 정상적인 일입니다.

약한 나비는 어떻게 생존할까요?

생물에게는 가능한 한 오래 살며 자손을 많이 퍼뜨리려는 본능이 있습니다. 자손을 많이 퍼뜨리려는 나비의 노력은 알을 낳을 장소

푸른 부전나비

를 택하는 부모의 행동에서 시작됩니다.

나비들은 애벌레의 먹이가 되는 식물이 있는 곳에 알을 낳는 것이 보통인데 특이하게도 일부 종류는 일부러 먹이 식물의 발육이 나쁜 곳을 골라 산란을 합니다.

이 같은 행동은 나비의 천적인 기생벌들을 피하기 위해서인데 기생벌은 나비의 애벌레의 몸속에 알을 낳아서 새끼가 애벌레를 파먹게 하기 때문입니다.

먹이 식물의 상태가 좋으면 나비의 애벌레도 영양을 듬뿍 흡수하기 때문에 기생벌은 그런 곳을 다니며 희생양이 될 애벌레를 고르므로 이를 피하려고 일부 나비는 나쁜 환경에 알을 낳는 것입니다.

호랑나비 종류 중 어떤 것의 애벌레는 언뜻 보면 모양과 색이 새똥 모양으로 되어 있기 때문에 새나 육식 곤충이 감쪽같이 속게 만드는데 한 걸음 더 나아가서 천적이 다가오면 고약한 냄새를 뿜어 물리치기도 합니다.

푸른 부전나비의 애벌레는 몸에서 개미들이 좋아하는 단물을 내뿜어 개미들을 모아 다른 육식 곤충의 접근을 막기도 합니다.

간혹 개미들이 부전나비나 쌍꼬리 부전나비의 애벌레를 자기 집으로 끌고 가서 개미 알과 개미 애벌레를 먹이로까지 주어 가며 꿀물을 받아먹기도 합니다.

방울벌레

번데기에서 나온 어른 나비는 날개 뒤쪽의 동그란 무늬와 꼬리로 위장을 하는데, 동그란 무늬가 눈이고 꼬리가 더듬이같이 보이게 해서 새들이 꼬리 쪽을 머리로 착각하고 공격하도록 유도합니다.

나비와 비슷한 나방 중에는 날개가 없는 것이 있는데 겨울 자나방은 수컷만 날개가 있고 암컷은 없는데, 암컷은 불필요한 에너지 소모를 줄여 그만큼 알을 더 만들려고 결국 날개가 없어진 것으로 보입니다.

자나방이 활동하는 겨울에는 천적이 없어서 날개를 이용하여 도망칠 필요가 없습니다.

기후 변화에 민감한 곤충에는 어떤 것이 있을까요?

곤충 중에서도 방울벌레나 땅강아지와 등풀벌레는 기온 변화에 매우 민감하다고 합니다.

선선해지면 울기 시작하는 가을 벌레들은 기온이 적당히 낮을 때 소리를 더 잘 냅니다. 그래서 초가을 밤낮없이 울어대던 풀벌레도 기온이 뚝 떨어지는 늦은 가을에는 한낮이 되어야만 겨우 소리를 내게 됩니다.

여치는 날씨가 추워지면 소리를 길게 빼지 않고 토막토막 끊어서 웁니다.

▲ 땅강아지예요. 강아지처럼 네 발로 기어다닌다고 해서 붙여진 이름이랍니다.

귀뚜라미는 24도를 전후하여 가장 청명한 소리를 내는데 기온이 내려가면 성량이 줄어들고 박자도 늘어집니다.

귀뚜라미 소리는 온도계 역할을 할 정도로 정확한데 14초 동안에 내는 소리를 세어 거기에 40을 더하면 화씨온도가 된다고 합니다. 즉 14초 동안에 35번 울었다면 화씨 75도이고, 섭씨로 따지면 24도 가량 된다는 것입니다.

이가 강한 동물에는 어떤 것이 있을까요?

동물 중에는 이가 없는 동물들이 훨씬 많습니다.

이의 기원을 살펴보면 지금으로부터 약 5억1천만 년 전인 고생대 캄브리아기로 거슬러 올라가야 합니다.

상어의 이는 턱의 앞쪽에 나 있고 입 속을 향해 4~6열로 줄지어 있으며 속의 이는 예비 무기로 뒤쪽을 향해 누워 있습니다. 또 상어는 가장 바깥쪽 이로 씹는데, 그 이가 부러지거나 망가져 떨어지면, 속의 이가 어느새 앞으로 밀려나와 정상으로 됩니다.

이렇게 하여 뱀상어의 이는 10년 동안에 2400번이나 새로 갈고 난다고 합니다.

실제로 오스트레일리아에서 잡힌 상어의 위 속에는 돼지의 넓적다리 반쪽, 양의 다리 몇 개, 불독의 머리와 다리, 대량의 말고기, 그리고 배의 갑판을 청소하는 자루가 달린 걸레 같은 것

▼ 상어

도 들어 있었다고 합니다.

 또 다른 곳에서 잡혀 올라온 어떤 상어는 사람들이 입고 다니는 오버코트 3벌, 비옷 1벌, 그리고 자동차의 번호판과 같은 먹이가 될 수 없는 것까지 마구 집어삼켰다고 합니다.

 이와 같이 무엇이라도 먹어 치우는 상어의 위는 필요하다면 몇 갑절로 늘릴 수도 있고, 삼킨 것을 소화하지 않고 몇 주일 동안이나 그대로 둘 수도 있습니다. 이처럼 위가 튼튼하다는 것도 다른 물고기와 다른 점이지만, 상어의 골격이 연골이고 부레가 없는 것도 특이합니다.

 부레를 가지고 있지 않은 상어는 헤엄을 치지 않으면 몸이 점점 아래로 가라앉으므로 가만히 머물러 있을 수가 없습니다. 그래서 깊은 바다에 사는 상어는 태어나서 죽을 때까지 끊임없이 헤엄을 쳐야 하기 때문에 결코 잠을 자는 일이 없지 않나 생각됩니다.

 상어는 1주일 동안에 자신의 체중의 약 10%에 해당하는 양의 먹이를 먹는다고 합니다.

 동물 중 이에 대한 챔피언은 무엇보다도 공룡의 이를 빼놓을 수가 없습니다. 중생대 백악기 후반에 등장한 에드몬토사우루스라고 이름 붙여진 초식 공룡은 이의 수가

▲ 티라노사우루스

무려 2천 개나 된답니다.

　육식 공룡의 대표적인 티라노사우루스라는 공룡은 사냥이 한창인 때 이가 빠지더라도 조금도 걱정할 필요가 없었습니다. 왜냐하면 상어의 이처럼 예비 이가 계속해서 자라고 있었기 때문입니다.

거미줄을 가지고 옷을 만들 수 있을까요?

　거미가 자신의 몸에서 가느다란 실을 뽑아내어 집을 짓는 것을 본 프랑스의 동물학자 생 틸레르는 거미줄로 양말과 장갑을 짜는 데 성공했습니다. 그러나 실이 너무 가늘어서 옷감의 재료로는 적합하지 못했습니다.

　그런데 어미 거미라 하더라도 대개 1분에 1.5~1.8m 정도밖에 거미줄을 생산하지 못하므로 5천 마리의 거미가 일생 동안 밤낮으로 쉬지 않고 뽑아내는 실을 모두 합쳐야 겨우 옷 한 벌을 짤 수 있기 때문에 실용가치는 거의 없습니다.

　거미는 꽁무니에서 명주실 같은 가느다란 실을 분비합니다. 비록 누에에서 만들어지는 명주실처럼 비단 옷의 재료

이 거미줄이 강철보다 5배 정도 강하다니 믿어지지 않죠?

로 개발하지 못하고 있지만 대단한 특성을 지니고 있습니다.

거미줄을 보면 금방 끊어질 것처럼 약해 보이지만 같은 무게로 비교해 보면 강철보다 5배 정도가 강하며 방탄조끼 소재로 쓰이는 합성섬유인 케블라보다 더 탄력이 있다고 합니다.

거미줄은 상온의 조건에서 천연 연료로 생산되며 케블라와 달리 미생물에 의해 분해되는 특성을 가지고 있어서 합성섬유의 환경오염 문제를 해결하는 대안이 될 수 있습니다.

이처럼 거미줄은 경제성 측면에서 사용가치는 없었지만 유전공학의 발달에 힘입어 대량생산의 길이 열리게 되었습니다. 즉 거미줄을 인공적으로 만들기 위해 가장 노력을 많이 한 곳은 미국 육군입니다. 군사용품에 필요한 신소재의 하나로 거미줄에 큰 기대를 걸었기 때문인데, 1989년 거미줄의 원료인 단백질을 만드는 유전자를 발견하면서부터 강철 못지않게 강한 물질로 거미줄을 산업화하는 방법을 개발하고 있습니다.

앞으로 방탄복이나 낙하산 등 군사용품이나 현수교를 공중에 매달 때 강의 양쪽 언덕을 건너지르는 사슬의 재료로도 사용될 수 있고 인공 힘줄, 인공 장기에서 수술 부위를 봉합하는 시트에 이르기까지 의료 부문에서도 다양하게 사용할 수 있습니다.

열대 지방에 사는 곤충의 특징은 무엇일까요?

열대지방처럼 온도가 높고 먹이가 풍부한 곳에서는 상상을 초월

▼ 대벌레

하는 커다란 곤충들이 많이 살고 있습니다.

　아프리카에 사는 골리앗 큰 뿔 꽃무지는 길이가 12~17cm나 되고 몸무게는 약 100g에 이른다고 합니다.

　길이만으로 따졌을 때 가장 큰 곤충은 1995년 말레이시아에서 채집한 대벌레의 암컷으로, 다리 길이를 포함해 55.5cm나 됐으며 마녀나방의 날개폭은 28cm나 되었다고 합니다.

　곤충은 춥고 먹이가 부족한 겨울에는 일종의 동면상태인 번데기가 되어 에너지 소비를 최소화하기 때문에 더 자라지를 못합니다. 그러나 열대 지방에서는 애벌레의 먹이가 되는 연한 풀이나 나무가 풍부하고, 항상 따뜻하므로 일찍 번데기가 될 필요가 없습니다.

호랑나비

　그러므로 먹이를 충분하게 먹은 애벌레가 다른 곳보다 훨씬 커서 자연히 성충도 덩달아 커지게 됩니다. 따라서 어른벌레가 되면 훨씬 살기 좋은 자연환경이 되므로 더 자랄 수가 있습니다.

　그 이유로는 우리나라에서도 같은 예를 찾아볼 수 있는데 봄에 태어난 호랑나비 애벌레는 풍부한 먹이를 먹고 자라 여름에 커다란 나비가 됩니다.

　그러나 여름이 끝날 무렵 나온 애벌

동물들만의 특이한 생활이 있대요 · 137

레는 상대적으로 먹이가 적어서 제대로 자라지 못한 채 번데기가 되므로 이듬해 봄 나비가 됐을 때는 여름 나비보다 크기가 훨씬 작은 것이 보통입니다.

가장 수명이 짧은 곤충과 긴 곤충은 무엇일까요?

번식을 위한 곤충의 진화는 때로 어버이의 수명을 짧게 하는 결과를 낳기도 합니다. 하루살이의 암컷은 짝짓기할 수 있는 생식기가 발달한 지 채 5분이 지나지 않아 죽고 만다고 합니다. 그러므로 그 짧은 5분 동안 짝짓기를 하고 알을 낳고 죽는 것입니다. 이쯤 되면 하루살이가 아니라 5분살이라고 해야 맞을 것입니다.

하루살이가 아무것도 먹지 않고 암수 모두가 짝짓기에만 몰두할 수 있는 것은 애벌레에서 성충이 될 때 비축한 지방을 사용하기 때문입니다.

탄수화물과 단백질은 1g에서 약 4cal의 열이 나오지만 지방은 그 두 배가 넘는 9cal 이상 발생하므로 효율이 가장 높은 연료인 셈입니다.

하지만 하루살이가 단 하루만 사는 것은 아니고 알이 애벌레가 되는 데 한 달이 걸리고, 또 애벌레는 1~2년을 물속에 살다가 성충으로 자라므로 그리 짧은 일생을 사는 것은 아닙니다. 단지 성충으로 사는 기간이 짧다는 것인데, 정말로 하루만 사는 놈도 있지만 보통은 2~3일, 길게는 14일 넘게 사는 것도 있습니다.

반면 번식을 위해 수명이 늘어난 곤충도 있는데 가장 오래 사는 곤충이라면 여왕개미를 꼽을 수 있습니다. 개미사회가 한 마리의 여왕개미를 중심으로 이루어지므로 가능한 오래 살면서 알을 계속 낳을 필요가 있기 때문입니다.

기록에 따르면 실험실에서 키운 여왕개미가 28.75년을 산 것이 최고 기록인데 이는 성충으로 산 기록만을 말합니다.

비단벌레가 51년 만에 알에서 깨어난 기록도 있는데, 이 경우는 생존 여건이 극심하게 열악해졌을 때 일어나는, 생장 활동의 일시 중단 상태로 봐야 하므로 가장 오래 산 기록에 해당하지는 않습니다.

▲ 비단벌레

어떻게 물위를 걷거나 천장에 매달릴 수 있을까요?

동물 중에는 천장에 거꾸로 매달려도 떨어지지 않고 물 위를 걷거나 뛰어다녀도 물속에 빠지지 않는 것들이 많이 있습니다.

최근 과학자들은 그 비결이 곤충의 다리에 많이 나 있는 미세한 털 때문인 것을 알아냈습니다.

물 위를 걷는 소금쟁이가 물속에 빠지지 않는 것은 다리에 나 있는 아주 작은 털과 그 사이에 생기는 공기방울이 있기 때문입니다. 지금까지는 소금쟁이의 다리에서 분비되는 지방이 물의 표면장력에 의하여 일종의 막이 생기기 때문인 것으로 알고 있었습니다.

연구팀이 소금쟁이의 다리를 전자현미경으로 자세하게 관찰한 결

소금쟁이

과 지름이 3㎛(1㎛는 100만분의 1m)에서 수백nm(1nm는 10억분의 1m)에 이르는 아주 가늘고 작은 털들이 나 있다는 것을 알 수 있었습니다. 또한 각각의 털에는 길게 홈이 나 있어서 여기에 쿠션 역할을 하는 공기방울이 맺히게 된다는 것도 알아냈습니다.

미세한 털은 천장에 거꾸로 붙는 능력도 있는데 독일의 한 동물 박사는 풍뎅이와 도마뱀에 이르기까지 천장에 거꾸로 잘 매달리는 동물들은 모두 발에 미세한 털이 나 있으며, 몸무게가 늘어날수록 털의 크기는 더 줄어드는 대신 털의 숫자는 더 많아진다는 것을 알아냈습니다.

실제로 딱정벌레의 다리에는 지름이 10㎛인 털이 나 있지만 도마뱀의 다리에는 미세한 털이 수십억 개 정도가 나 있습니다.

곤충들의 미세한 털 중에서 끝이 평평한 메뚜기의 털이 가장 접착력이 뛰어나다고 합니다. 이처럼 털이 벽면과 달라붙는 면적을 더 줄일 수 있는 방법을 개발하면 얼마 가지 않아 사람도 천장이나 물위를 자유자재로 걸을 날이 오지 않을까요?